指导单位：中共北京市委社会工作委员会北京市民政局

北京市社会工作发展报告（2020）

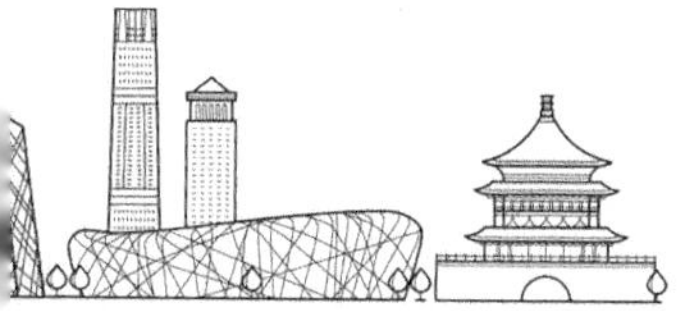

北京社会工作者协会 编

BEIJINGSHI

SHEHUI GONGZUO FAZHAN BAOGAO (2020)

中国社会出版社
国家一级出版社 · 全国百佳图书出版单位

图书在版编目(CIP)数据

北京市社会工作发展报告. 2020/北京社会工作者协会编. —北京:中国社会出版社,2021.6
ISBN 978 - 7 - 5087 - 6562 - 4

Ⅰ. ①北… Ⅱ. ①北… Ⅲ. ①社会工作—研究报告—北京—2020 Ⅳ. ①D632

中国版本图书馆 CIP 数据核字(2021)第 103000 号

书　　名: 北京市社会工作发展报告(2020)
编　　者: 北京社会工作者协会

出 版 人: 浦善新
终 审 人: 尤永弘
责任编辑: 张耀文

出版发行: 中国社会出版社　　**邮政编码:**100032
通联方式: 北京市西城区二龙路甲 33 号新龙大厦
电　　话: 编辑部:(010)58124823
网　　址: www. shcbs. com. cn
shcbs. mca. gov. cn
经　　销: 各地新华书店

中国社会出版社天猫旗舰店

印刷装订: 北京九州迅驰传媒文化有限公司
开　　本: 170mm × 240mm　1/16
印　　张: 13
字　　数: 200 千字
版　　次: 2021 年 6 月第 1 版
印　　次: 2021 年 6 月第 1 次印刷
定　　价: 56. 00 元

中国社会出版社微信公众号

序　言

2021年是中国共产党成立100周年，是“十四五”开局之年，既是党和国家发展的新起点，也是中国社会工作发展的新起点。

站在新起点，回望而前行。自2015年开始，促进社会工作发展连续4年写入国务院政府工作报告。2020年2月23日，习近平总书记在统筹推进新冠肺炎疫情防控和经济社会发展工作部署会议上明确提出：“要发挥社会工作的专业优势，支持广大社工、义工和志愿者开展心理疏导、情绪支持、保障支持等服务。”如何发挥社会工作的专业优势，让广大社会工作者在民生保障、社会治理和社会服务等方面发挥更大专业优势和作用，成为社会工作面临的新的目标和挑战。北京市顺应国家和时代要求，紧紧围绕城市发展功能定位，坚持“党管人才”，发挥北京市社会工作人才队伍建设联席会议作用，形成政府部门参与、群团组织助力的工作格局，建立起社会工作人才培养、评价、使用、激励政策体系，以“三社联动”机制为抓手，将社会工作服务从社会救助、社区建设拓展到妇女儿童、司法矫正、心理疏导等20多个领域，形成了具有时代特征、首都特色、北京特点的发展模式。

站在新起点，开启新征程。党的十九届五中全会提出，各项工作要以高质量发展为主题，要发挥群团组织和社会组织在社会治理中的作用，畅通和规范市场主体、新社会阶层、社会工作者和志愿者等参与社会治理的途径。2020年10月，民政部在湖南长沙召开加强乡镇（街道）社会工作人才队伍建设推进会，提出要加快建立健全乡镇（街道）社会工作人才制度体系，力争“十四五”末实现乡镇（街道）都有社工站，村（社区）都有社会工作者提供服务的建设目标。2021 年初,中共中央办公厅、国务院办公厅印发了《关于加快推进乡村人才振兴的意见》,明确要求加强农村社会工作人才队伍建设,真正发挥社会工作专业优势在农村社会治理方面的重要作用。这些必然对社会工作的发展提出更高要求,北京的社会工作也需要谋划新的思路,开展新的实践。为此,北京市委社会工委市民政局指导北京社会工作者协会组织社会工作专家团队,在广泛调研的基础上,编写了《北京市社会工作发展报告(2020)》(以下简称《报告》),系统梳理北京社会工作发展脉络、总结行业发展经验,厘清行业发展思路,力求全面反映新时期北京社会工作发展动态,进一步与全国的专家学者和社会工作界同人交流和探讨,促进北京社会工作跨领域、可持续、高质量发展。

《报告》作为献给建党百年的一份厚礼,“七一”之前终于和读者见面了。《报告》由国家开放大学社会工作学院院长史柏年教授及其专家团队执笔编写。其间,北京市委社会工委市民政局和北京社会工作者协会多次组织编委会成员一起确定思路,研究整体框架及主要内容,北京市社会工作人才队伍建设联席会议成员单位、各区委社会工委区民政局、中国社会出版社给予了大力支持,在此一并表示衷心感谢。由于编写任务紧,《报告》可能与广大社会工作者的期望还存在一定差距,还不能做到尽善尽美,不当之处还望批评指正。

本书编委会

2021 年 6 月

目　录

第一篇　总　报　告

第二篇　分领域社会工作发展报告

第三篇　分地区社会工作发展报告

第四篇　分主题社会工作发展报告

第一篇 | 总 报 告 |

北京市社会工作发展报告

社会工作是社会治理和社会服务体系的重要组成部分。近年来,北京市紧密围绕首都战略功能定位,大力发展社会工作,壮大社会工作人才队伍,在社会工作专业人才培养、使用、评价、激励和保障机制上,制定出台了一系列具有北京特色、体现首都社会工作优势、促进社会工作发展的政策性措施,支持鼓励社会工作专业力量在参与基层治理、脱贫攻坚、疫情防控、困难群众服务等方面,实施了一批专业社会工作服务项目,搭建了多个领域在内的社会工作人才队伍体系,初步形成了首都社会工作的发展模式。本报告以全国及北京市社会工作发展历程为依据,归纳北京市社会工作发展的重要举措,并在近年来特别是2020年社会工作发展现状的基础上,总结完善北京市社会工作发展的特点,提出相关建议意见。

一、中国社会工作事业的发端及其比较

中国大陆的社会工作事业分为前后独立的两个发展阶段:第一阶段从20世纪20年代初到50年代初,历经大约30年;第二阶段从20世纪80年代末到现在,历经约30年。

历史的发展似乎很巧合,实际必然——中国大陆社会工作事业两个发展阶段起始的标志性事件,都发生在北京。

(一)中国社会工作事业的发端

1. 第一发展阶段的标志性事件

(1)筹建社会服务部。1920年,美国洛克菲勒基金会选派蒲爱德女士到北京协和医院筹建社会服务部,通过一年时间的筹划,社会事务部于1921年正式成立,并开始提供社会工作服务。创立之初,医务社会工作主要借鉴西方的工作模式。

(2)开设社会学系。1922年,在美国普林斯顿大学驻华同学会步济时(John S. Burgess,1883—1949年)等人的倡导下,燕京大学(北京大学前身)创建了社会学系(后改名为"社会学与社会服务学系"),先后开办的社会工作专业分为专修、本科、研究生几个层次,专业方向侧重宗教社会服务,除了全日制教育教学外,还开设了函授教学。

以这两个事件作为标志性事件,开启了中国大陆社会工作事业发展的第一个阶段,这段历史到1952年全国高等学校院系调整取消社会工作专业教育时终结。

2. 第二发展阶段的标志性事件

(1)创办社会工作与管理专业教育。1988年,国家教育委员会授权北京大学等3所高校试办社会工作与管理专业教育。1989年,北京大学开始招收社会工作与管理专业本科学生,同时,在社会学硕士研究生专业内设置了社会工作专业方向。

(2)设立社会康复科。1989年12月,中国残疾人联合会会同民政部、财政部等有关部门,对由日本政府援建的中国康复研究中心——北京博爱医院的建筑工程质量进行检查并通过了国家验收。该机构除了为残障人士提供治疗和康复训练外,还设立社会康复科(现改名为"社会职业康复科"),为有需要的残障人士及家属提供社会工作专业服务。

1989年发生的这两个事件,标志着停止了38年的社会工作专业教育和专业实务开始恢复重建。

(二)两个阶段标志性事件的比较和启示

两段历史的起始事件都发生在北京(北平),说明北京作为中国政治、经济和文化的中心，拥有孕育作为工业化、城市化产物的社会工作发生和发展的深厚社会基础。

两段历史的起始事件都由国外力量（国外基金会、高校及政府）推动促成，说明对于初始阶段的中国而言，社会工作是一个“舶来品”，社会工作在中国的社会认知度和认同度低。

两段历史的起始事件大多与宗教机构相关，如协和医院及燕京大学都带有宗教背景，说明社会工作作为利他性助人服务的专业，其起源与宗教的公益理念和行为密切关联。

两段历史中专业教育的发端都在北京（燕京）大学，说明北京及北京高等学校具有开创历史、敢为人先的勇气和担当。在第二段历史 30 年的发展中，北京高等院校在中国社会工作发展中有着很强的引领示范作用。

两段历史中专业服务的发端都在医务社会工作领域，说明西方发达国家以医务、精神健康等微观治疗性临床服务为主推动社会工作事业发展的特点，对我国社会工作的初期发展产生过一定影响，但是在“社会为本”的中国（尤其是在首都北京），社会工作专业实务的后期发展，走出了一条以社区、社会等中观、宏观领域治理及服务提供为特征的独特道路。

二、北京市社会工作的发展历程

从 1989 年北京大学开办社会工作专业教育至今，北京社会工作事业发展与全国一样，走过了 30 年历程。以 2006 年党的十六届六中全会为界限，30 年历程分为前后两个阶段，分别各 15 年左右。

（一）第一阶段（1989—2005 年）

在这一阶段中，北京市的社会工作事业主要由高等院校及社会力量推动发展；政府部门中，除了民政部门，少有其他部门及人员参与。社会工作专业教育和专业实务在发展进程中存在着不同步现象，呈现“教育先行”的明显特点[①]。例如,开办社会工作本科层次专业教育的高等院校,由北京大学1所,发展到2005年的18所,占同期全国186所高校的1/10。而在民政部门注册登记的民办社会工作服务机构尚未出现。严格意义上的社会工作专业实务,仅停留在开办社会工作专业教育的高等院校的师生所开展的专业实习或服务项目上,如20世纪90年代中期,中国青年政治学院师生在北京市开展的农民工子弟学校的服务项目等。2001年,北京市出现的两个社会工作专业实习基地——博爱医院、太平桥街道社区服务中心,也是由中国社会工作教育协会推动成立的,而大多与社会工作相关的事业单位或群团组织,仍沿用“行政性、非专业”[②]的理念和方法为社会及民众提供社会福利服务。

(二)第二阶段(2006—2020年)

2006年10月,党的十六届六中全会召开,全会通过的《关于构建社会主义和谐社会若干重大问题的决定》中提出“建设宏大的社会工作人才队伍”战略决策;2011年10月,中央18部委和群团组织联合发布《关于加强社会工作专业人才队伍建设的意见》;2012年4月,中央19部委和群团组织联合发布《社会工作专业人才队伍建设中长期规划(2011—2020年)》,由此开启了由党和政府大力推动社会工作事业发展的新阶段。

2006年之后,北京市委、市政府与中央及其他地区一样,在推进社会工作事业发展方面做了大量工作,取得了不俗成效,发挥了党和政府对社会工作事业发展的主导和引领作用。

经过“十一五”“十二五”和“十三五”3个五年发展规划共15年时间的努力,尤其是通过《首都中长期社会工作专业人才发展规划纲要(2011—2020年)》等政策文件的贯彻实施,除了社会工作专业教育继续发展壮大之外,北京市其他方面的社会工作事业,无论是专业人才队伍的数量与结构,还是专业服务机构的能力与管理;无论是专业实践的领域与范围,还是专业

① 史柏年. 新世纪:中国社会工作教育面对的选择[J]. 北京科技大学学报(社会科学版),2004(3).

② 王思斌. 中国社会工作的经验与发展[J]. 中国社会科学,1995(2).

服务的水平与质量，都经历了从无到有、从小到大、从弱到强的过程，为首都的社会治理体系创新和民众的福利水平提升作出了巨大贡献。

进入2021年，在我们欢庆中国共产党建党100周年之际，北京市社会工作事业也迎来了高质量发展的新阶段。

三、北京市社会工作发展的重要举措

（一）建立和调整组织架构，加强党和政府对社会工作事业的领导

1. 中共北京市委社会工作委员会成立

经北京市委、市政府批准，2007年12月2日，中共北京市委社会工作委员会（以下简称市委社会工委）正式挂牌成立。这是全国第一个以社会工作名义成立的地方党的专门机构，对其他地区陆续成立的类似机构具有示范效应。

市委社会工委的主要任务是：着力搭建宏观管理平台，研究制定首都社会建设的总体规划；着力加强基层基础工作，加强城市社区建设；着力扩大载体，积极培育各类社会组织；着力加强"两新"组织党的建设、加强社会工作者队伍和社会志愿者队伍建设；着力加强社会建设的薄弱环节。

2. 建立市级社会工作相关的部门联席会议制度

2011年11月，中共中央组织部等18部委和群团组织联合发布《关于加强社会工作专业人才队伍建设的意见》，提出要"建立健全领导体制和工作格局。坚持党管人才原则，切实加强党对社会工作专业人才队伍建设的领导，建立组织部门牵头抓总，民政部门具体负责，机构编制、发展改革、教育、公安、司法、财政、人力资源社会保障、卫生、人口计生、信访、扶贫等部门以及工会、共青团、妇联、残联等组织密切配合，社会力量广泛参与的工作格局"。

依据中央文件精神，北京市在市人才工作领导小组领导下，2016年建立了社会工作专业人才队伍建设联席会议制度。《北京市社会工作专业人才队伍建设联席会议工作规则》，明确联席会议是在市人才工作领导小组领导下的议事协调机构，负责全市社会工作专业人才队伍建设工作的综合协调、

宏观指导,一方面开展社工人才建设重大政策、重点问题研究,另一方面开展督办工作,及时了解社会工作专业人才队伍建设工作情况,适时向市人才工作领导小组汇报。

联席会议由市委组织部、市委社会工委、市民政局、市人力资源社会保障局、市编办、市发展改革委、市教委、市禁毒办、市司法局、市财政局、市医管局、市信访办、市总工会、团市委、市妇联、市残联16个单位组成。2018年后,随着北京市级机构改革的推进,联席会议成员单位有所调整,市卫生健康委、市农业农村局成为成员单位;2020年,又将市退役军人事务局、市应急管理局和各区吸纳为成员单位。

3. 市委社会工委与市民政局合署办公

2018年11月,按照《北京市机构改革实施方案》,北京市委社会工委与市民政局合署办公,进一步加强了党对社会建设和民政民生工作的领导,充分体现了首都特色。由此形成了北京市党和政府主管社会工作,两大部门协同合力推进社会工作事业发展的格局。

(二)制定和完善推进社会工作事业发展的政策法规

1. 北京市社会工作事业的起步

2008年9月25日,北京市委、市政府在北京会议中心举行社会建设大会。大会下发了“1+4”文件,“1”即《北京市加强社会建设实施纲要》,“4”即《关于进一步加强和改进社会领域党建工作的意见》《关于加快推进社会组织改革与发展的意见》《北京市社区管理办法(试行)》《北京市社区工作者管理办法(试行)》。

《北京市加强社会建设实施纲要》提出,要构建社会工作运行体系,进一步建立健全社会工作机构,加强社会工作专职队伍和社会志愿者队伍建设,逐步形成健全的社会管理机制、有效的社会动员机制、完善的社会利益表达和矛盾调处机制。

《关于加快推进社会组织改革与发展的意见》提出,要加大引进专业人才和培训力度。市社会建设、人事、民政等部门和各业务主管单位要着眼于改革和发展,积极创造条件,促进社会组织引进各类专业人才,加快建设一支高素质、职业化的社会工作人才队伍。

《北京市社区管理办法（试行）》和《北京市社区工作者管理办法（试行）》两个文件都强调："适应社区工作专业化、职业化需求，逐步建立健全职业资格制度。社区工作者特别是新招录的社区服务站工作人员，一般要持有国家社会工作者（社会工作师、助理社会工作师）职业水平证书或北京市社区专职工作者执业资格证书（有效期内）；已在社区工作者岗位工作未取得职业水平证书的人员，应鼓励他们通过岗位培训、学历教育等方式取得职业水平证书。"同时规定，对于已经取得社会工作职业水平证书的社区工作者给予相应津贴。

社会建设大会的召开及"1 +4"文件的出台，为北京市社会工作发展定下了政策基调，标志着北京市社会工作事业进入大发展的阶段。

2. 北京市社会工作政策体系的逐步完善

社会建设大会之后，北京市委、市政府以及相关部门又出台了一系列政策文件，形成了促进北京市社会工作事业发展的较为完备的政策体系（见表1）。

表1　北京市促进社会工作事业发展政策文件（部分）

序号	日期	文件名	发文单位	内容摘要
1	2007年	关于加强社会工作人才队伍建设的意见	中共北京市委、北京市人民政府	提出加强首都社会工作人才队伍建设的意义、任务、途径及保障措施
2	2008年	关于贯彻执行《社会工作者职业水平评价暂行规定》和《助理社会工作师、社会工作师职业水平考试实施办法》的通知	北京市人事局、北京市社会建设工作办公室、北京市民政局	将北京市社会工作者职业水平评价制度纳入北京市专业技术人员职业资格制度统一管理，明确相关部门的职责分工

续表

序号	日期	文件名	发文单位	内容摘要
3	2009 年	北京市民政事业单位岗位设置管理指导意见	北京市人事局、北京市民政局	民政事业单位原则上以社会工作岗位为主体专业技术岗位。专业技术岗位分为 13 个等级。专业技术高级岗位分 7 个等级,即一至七级,其中,高级专业技术职务中的正高级岗位包括一至四级,副高级岗位包括五至七级;中级岗位分 3 个等级,即八至十级;初级岗位分 3 个等级,即十一至十三级,其中十三级是员级岗位
4	2010 年	首都中长期人才发展规划纲要(2010—2020 年)	北京市委常委会审议通过	将首善之区社会工作人才发展工程列为北京市 12 项重点人才建设工程之一,提出:服务社会主义和谐社会首善之区建设,发展造就一支结构合理、素质优良,专业化、职业化的社会工作人才队伍。健全以培养、评价、使用、激励为主要内容的制度体系,加大教育培训力度,到 2020 年,社会工作人才总量达到 8 万人左右,包含社会工作师、助理社会工作师在内的各类社会工作专业人才不少于 4 万人,高层次社会工作人才达到 1000 名左右
5	2011 年	关于“首善之区社会工作人才发展工程”的实施意见	中共北京市委社会工委	“首善之区社会工作人才发展工程”以专业化、职业化为目标,以创新体制机制为着力点,到 2020 年,全市社会工作初级、中级、高级人才的比例分别占 70%、25%、5% 左右,基本形成以初级人才为主体、中级人才为骨干、高级人才为引领的梯次结构

续表

序号	日期	文件名	发文单位	内容摘要
6	2012 年	首都中长期社会工作专业人才发展规划纲要(2011—2020 年)	中共北京市委组织部、中共北京市委社会工作委员会、北京市民政局、北京市人力资源和社会保障局	首都中长期社会工作专业人才发展的总体要求与目标、五项重点任务、四项重点工程
7	2012 年	《首都中长期社会工作专业人才发展规划纲要(2011—2020 年)》任务分解方案	北京市人才工作领导小组办公室	明确北京市社会工作人才发展重点任务、重点工程的职责分工
8	2013 年	关于开展农村社会工作人才队伍建设试点的通知	北京市民政局	促进北京市农村社会工作人才队伍建设的指导思想、任务目标、方法步骤及工作要求
9	2014 年	关于加强民政事业单位社会工作岗位设置管理的实施办法(试行)	北京市民政局	民政事业单位社会工作岗位设置的目的、岗位性质、设置范围、岗位职责、工作内容、等级和晋升条件、岗位设置方式与管理
10	2014 年	北京市社会工作者继续教育实施办法	北京市民政局	社会工作者继续教育的目的、组织管理、内容与形式、学时管理与使用、继续教育机构管理、监督管理
11	2014 年	北京市社会工作者职业水平证书登记实施办法	北京市民政局	登记时间、登记条件、变更登记、注销登记
12	2015 年	关于进一步加强工会工作者队伍建设的实施方案	北京市总工会	工作目标、任务、措施、组织保障

续表

序号	日期	文件名	发文单位	内容摘要
13	2015年	关于进一步加快推进民办社会工作服务机构发展的实施意见	北京市民政局	加快推进民办社会工作服务机构发展的重要性和紧迫性、指导思想和目标任务;大力扶持培育民办社会工作服务机构发展;加强民办社会工作服务机构能力建设;加强民办社会工作服务机构管理;加强对民办社会工作服务机构发展的组织保障
14	2015年	关于加快“三社联动”推动基层社会治理创新的意见	北京市民政局	加快推进“三社联动”的重要意义、基本原则和总体目标、工作措施、工作要求
15	2016年	关于印发《北京市禁毒专职社会工作人员管理办法》的通知	北京市禁毒委员会办公室等5部门	各街道(乡镇)应当按照不低于辖区内实有在册吸毒人员数30:1的比例配备禁毒专职社会工作人员;专职人员聘用、工作任务、管理、保障
16	2017年	关于推进妇女儿童社会工作专业服务的指导意见	北京市妇女联合会、北京市民政局	推进妇女儿童社会工作专业服务的意义、原则、主要任务和工作要求
17	2017年	关于社会工作参与精准救助的实施意见	北京市民政局、北京市财政局	社会工作参与精准救助的重要意义、指导思想、基本原则和总体目标;建立社会工作参与精准救助的工作机制和内容;发挥社会工作在精准救助中的专业作用;推动社会工作助力精准救助的工作措施;加强社会工作参与精准救助的组织保障
18	2017年	关于进一步加强社会力量参与社区矫正和安置帮教工作实施办法(试行)	北京市司法局、市综治办、市教委、市民政局、市财政局、人社局、社会建设办	司法社工的实施和管理;政府购买矫正帮教服务的实施和管理;群众自治组织的组织实施;志愿组织、志愿者的组织实施

续表

序号	日期	文件名	发文单位	内容摘要
19	2017 年	关于通过政府购买服务支持社会组织培育发展的实施意见	北京市财政局、北京市民政局、北京市社会建设工作办公室	重要意义；总体要求；主要政策；机制建设；保障措施
20	2017 年	关于加强社会工作专业岗位开发设置与人才激励保障的实施意见	北京市民政局、市委组织部、市委社会工委、市委农工委、综治办、市教委、市公安局、市司法局、市财政局、市人社局、市卫计委、市总工会、团市委、市妇联、市残联	认清加强社会工作专业岗位开发设置与人才激励保障的必要性和重要性；基本原则；加快推进社会工作专业岗位开发设置；建立健全社会工作专业人才的激励措施；加强社会工作专业岗位开发与人才激励保障的组织保障
21	2017 年	关于购买青少年社会工作服务　加强团的基层组织建设和基层工作的意见	共青团北京市委员会办公室	购买服务内容、方式、待遇和管理、任务要求、组织领导
22	2018 年	北京市社区工作者管理办法	中共北京市委办公厅、北京市人民政府办公厅	社区工作者坚持职业化、专业化发展方向，纳入社会工作者职业序列，建立健全岗位与职业水平评价相结合的职业体系。岗位设置和选任招聘；工资待遇；工作管理；考核培训；选拔培养和工作激励
23	2019 年	北京市高级社会工作师评价实施办法	北京市人力资源和社会保障局、市委社会工委、市民政局	背景依据、目标任务、主要内容、设计范围、执行标准
24	2020 年	关于发展医务社会工作的实施意见	北京市卫健委、市委社会工委、市民政局、市教委、市财政局、市人社局	明确了医务社会工作的服务内容、岗位设置、人才来源、专业人才的晋升渠道、专业人才培养方向以及发展的保障机制等。2025 年，实现全市医疗机构医务社会工作全覆盖

(三)发挥社会组织作用,畅通参与社会治理渠道

社会组织作为协同力量,是社会治理多元主体的重要组成部分,社会组织数量的多少以及能力的强弱,是衡量一个国家或地区社会治理体系和治理能力现代化的重要标志。2013 年,党的十八届三中全会通过的《关于全面深化改革若干重大问题的决定》首次提出创新社会治理体系的战略任务,其中特别提出要激发社会组织活力。北京市在贯彻落实上述政策精神方面实施了以下几方面的措施。

1. 鼓励与扶持民办社会工作服务机构发展

民办社会工作服务机构是以社会工作专业人才为主体,坚持“助人自助”宗旨,遵循社会工作专业伦理规范,综合运用社会工作专业知识、方法和技能,开展困难救助、矛盾调处、权益维护、人文关怀、心理疏导、行为矫治、关系调适、资源链接等服务的民办非企业单位。民办社会工作服务机构是社会工作专业人才发挥作用的重要平台,是整合社会工作资源、提供社会工作服务的重要载体,是承接政府社会服务职能的重要依托。

为了鼓励和培育民办社会工作服务机构健康发展,北京市民政局于 2015 年制定发布了《关于进一步加快推进民办社会工作服务机构发展的实施意见》,明确了发展民办社会工作服务机构的指导思想、目标任务,并出台了一系列扶持社会工作机构的政策措施,包括建立市区两级民办社会工作服务机构孵化基地,通过项目资助、补贴奖励、提供场所、减免费用等多种方式,支持民办社会工作服务机构的启动成立和初期运作;推动成立市区两级社会工作行业组织,健全组织机构,提升管理和服务能力;依法依规开展行业评比奖励和质量认证等活动,建立健全行业自律制度。为了鼓励支持符合条件的组织、企业和个人兴办社会工作事务所等公益性社会工作机构,市委社会工委每年对新成立的专业社工机构按照 1 家 5 万元的标准给予经费扶持,用于其发展初期建设。在各项鼓励和扶持政策措施的推动下,北京市民办社会工作服务机构由 2015 年的 100 多家,发展到 2020 年底的 887 家。

为进一步加快推进全市社会工作事务所规范化建设,充分发挥其在创新社会治理、提供专业社会工作服务、培养社会工作专业人才等方面的重要

载体和阵地作用,2016 年 6 月 24 日,北京市委社会工委与市社会建设办公室联合发布《关于开展社会工作事务所规范化建设试点工作的意见》,就社会工作事务所的基础建设、内部治理、队伍建设、服务能力和持续发展等方面的建设,提出包含 5 个一级指标、17 个二级指标、43 个三级指标在内的完整的评价体系,要求各区在试点基础上总结经验,推动试点成果向长效机制转化。

2. 发挥枢纽型社会组织作用

为促进社会组织的良性发展,北京市创新社会组织管理模式,加快政社分开、管办分离的步伐,按照“以社管社”原则,将性质相同、业务相近的社会组织联合起来,形成合力,促进共同发展的思路,积极构建枢纽型社会组织管理体系。目前,全市共有市级枢纽型社会组织 51 家。

3. 构筑市区两级社会工作行业组织网络

市级层面,成立北京社会工作者协会,作为全市社会工作专业人才行业服务管理的专门机构;依托北京社协组建“北京市专业社工机构委员会”,促进专业化、规范化管理。区级层面,在各区建立了区级社会工作行业性枢纽型社会组织。在专业领域,成立北京市社会心理工作联合会,加强对全市心理咨询机构的行业管理与服务;成立北京青少年社会工作协会,加强对青少年社会工作服务机构及社工的服务管理。经过多年努力,初步形成了“在党委政府领导下、社会建设工作领导小组办公室综合协调、社会工作枢纽型组织具体实施、相关单位密切配合”的工作新格局,有力推动了社工队伍建设发展。

(四)大力推进全市社会工作专业人才队伍建设

党的十六届六中全会之后,各级党和政府推动社会工作事业发展,都是以社会工作专业人才队伍建设作为抓手的。北京市委、市政府及其相关职能部门在推进社会工作专业人才队伍建设方面,也做了大量工作。

1. 加快社区工作者专业化职业化建设

2008 年,北京市召开社会建设大会,颁布《北京市社区管理办法(试行)》《北京市社区工作者管理办法(试行)》,在社区组织体系的设计方面提出了建立社区服务站的构想，并提出社区服务站工作人员面向社会公开招考的决定。社区工作者特别是新招录的社区服务站工作人员，一般要持有国家社会工作者(社会工作师、助理社会工作师)职业水平证书或北京市社区专职工作者执业资格证书(有效期内)，在岗社区工作者取得职业水平证书的，享有职业水平补贴；未取得职业水平证书的，应鼓励其通过岗位培训、学历教育等方式取得职业水平证书。

2008—2018年，北京市连续出台相关政策，将社区工作者的职业水平补贴纳入其工资结构，明确为专业技术等级工资，并不断提高专业技术等级工资标准，引导社区工作者队伍朝着专业化方向发展。

2018年，市委办公厅、市政府办公厅印发了《北京市社区工作者管理办法》，在职业定位上，明确提出社区工作者坚持职业化、专业化发展方向，纳入社会工作者职业序列。鼓励在职社区工作者通过学习培训考取社会工作者职业水平证书，提高职业能力。

自2009年起，北京市每年向社会公开招聘大学生社区工作者，极大地提高了北京市社区工作者的职业化、专业化水平。

2. 开发设置社会工作岗位

2014年1月6日，北京市民政局发布《关于加强民政事业单位社会工作岗位设置管理的实施办法(试行)》，要求全市民政部门所属的社会福利、困难救助、未成年人救助保护、儿童服务、社会慈善、社区服务、残障康复、殡葬服务、优抚工作、军休服务、健康照护、老年人服务、青少年服务、婚姻家庭服务等有关领域的公益类事业单位，原则上都要“以社会工作岗位为主体专业技术岗位”加以设置。

2017年11月3日，北京市民政局与市委组织部、市委社会工委、市委农工委、首都社会治安综治办、市教委、市公安局、市司法局、市财政局、市人社局、市卫计委、市总工会、团市委、市妇联、市残联联合发布《关于加强社会工作专业岗位开发设置与人才激励保障的实施意见》，将社会工作岗位设置的范围作了进一步扩大，指出：“在具有公益服务、社会福利职能的事业单位、群团组织、社会组织和企业及城乡社区中，要明确社会工作专业岗位，配备社会工作专业人才，具体范围是指：老年人福利和服务机构、残疾人福利和服务机构、儿童福利机构、收养服务机构、妇女儿童援助机构、困难职工帮扶机构、职工权益维护机构、婚姻家庭服务机构、青少年服务机构、社会救助服务机构、救助管理机构、未成年人保护机构、优抚安置服务保障机构等以社会工作服务为主的事业单位要将社会工作专业岗位明确为主体专业技术岗位;医院、学校、殡仪服务机构、人口计生服务机构等应开展社会工作服务的单位,要将社会工作专业岗位纳入专业技术岗位管理范围。街道(乡镇)社区服务中心、城乡社区服务站、街道(乡镇)综治中心、社区(村)综治中心、老年人照料中心、社区养老服务驿站、基层文化服务机构,妇女之家、儿童之家、温馨家园、社区青年汇、各级职工服务机构等群团组织服务阵地、基层公共服务平台,以及基层人民调解组织、社区矫正机构、安置帮教组织、禁毒戒毒机构、灾害救援组织等根据需要配备社会工作专业人才。鼓励社会组织开发社会工作专业岗位,使用社会工作专业人才,社会工作服务机构建立以社会工作专业岗位为主体的人才使用体系。"实施意见还对社会工作专业岗位开发设置的方式作了具体规定:事业单位在现有岗位总量的情况下,主要采取整合、替换、调整等方式设置社会工作专业技术岗位,岗位数量应满足本单位实际需求。当社会工作专业技术岗位有空缺且公开招聘人员时,应主要面向社会工作专业的毕业生和取得社会工作者职业水平证书的专业人员,通过聘用(任),纳入本市专业技术人员管理范围,实行登记管理。鼓励有条件的各类公共服务机构、街道和乡镇依托现有资源支持发展社会工作服务机构,使用社会工作专业人才。社会工作服务机构等社会组织应结合自身需求与特点,参照事业单位社会工作专业技术岗位管理规定开发社会工作专业岗位。

为落实社会工作岗位开发设置的实施意见,市民政局会同市总工会、市妇联、共青团市委、市司法局、市禁毒办、市卫健委等部门联合发文,就不同领域社会工作岗位开发设置及社会工作人才使用作出具体规定。

2015 年,北京市总工会等部门制订《关于进一步加强工会工作者队伍建设的实施方案》,提出"专职工会社会工作者通过公开招录和遴选办法配备"。2016 年,北京市禁毒办等部门联合发布《北京市禁毒专职社会工作人员管理办法》,提出各区禁毒办和街道(乡镇)根据禁毒工作实际需要,按照"公开、平等、竞争、择优”的原则,招聘禁毒专职社会工作人员;也可以通过政府购买服务的方式,依托合法经营且信誉良好的劳务派遣企业与所招聘的禁毒专职社会工作人员签订劳动合同,依托公益性就业组织与所招聘的人员签订劳动合同,并依据派遣协议或劳动合同到街道(乡镇)开展禁毒工作。2017 年,共青团北京市委员会等部门联合发布《关于购买青少年社会工作服务　加强团的基层组织建设和基层工作的意见》,通过项目方式配备专职社工。2017 年,北京市妇女联合会等部门联合发布《关于推进妇女儿童社会工作专业服务的指导意见》,提出要在各级妇女儿童服务(活动)中心等服务型事业单位设置社会工作专业技术岗位,纳入全市专业技术人员管理范围;乡镇(街道)妇联通过政府购买管理服务岗位的方式,配备 1—2 名社会工作者。2017 年,北京市司法局等部门联合发布《关于进一步加强社会力量参与社区矫正和安置帮教工作实施办法(试行)》,明确了司法社工的招录条件、配备标准和相关程序。2018 年,北京市民政局发布《关于建立基层儿童工作队伍有关事宜的通知》,提出在全市每个街道(乡镇)确定一名儿童督导员,每个社区(村)确定一名儿童主任。各区依托社会工作专业机构,为每个社区(村)确定一名儿童社会工作者。2020 年,北京市卫生健康委员会等部门发布《关于发展医务社会工作的实施意见》,就北京市各医疗机构设置社会工作岗位提出坚持按需设岗,根据单位特点合理设置工作岗位的指导意见。在这些政策文件中,各职能部门都明确提出了在本系统、本领域开发设置社会工作岗位的目标、途径和方法,并提出完成目标任务的时限和进度。

3. 贯彻落实社会工作者职业水平评价制度

2006 年,人事部和民政部联合发布《社会工作者职业水平评价暂行规定》和《助理社会工作师、社会工作师职业水平考试实施办法》,开启了我国社会工作者职业水平评价的历史。2008 年,北京市人事局、北京市社会建设工作办公室、北京市民政局联合发布关于贯彻执行《社会工作者职业水平评价暂行规定》和《助理社会工作师、社会工作师职业水平考试实施办法》的通知,明确将北京市社会工作者职业水平评价制度纳入北京市专业技术人员职业资格制度统一管理。北京地区社会工作者职业水平考试工作由北京市人事局、北京市社会建设工作办公室和北京市民政局共同组织实施。北京市人事局负责考务管理和证书颁发工作，北京市社会建设工作办公室负责综合协调，北京市民政局负责登记管理和继续教育工作。

2008—2019 年，北京市人事局（人社局）、北京市社会建设工作办公室、北京市民政局和北京社会工作者协会通过开展和实施宣传动员、组织报名、考前辅导、资格审查、考场管理、成绩公布、证书颁发、登记注册等活动和措施，连续 12 年顺利组织相关人员参加全国社会工作职业水平评价考试。

2019 年，北京市印发《北京市高级社会工作师评价实施办法》，并开展首批高级社会工作师报名考试工作。2020 年，北京市率先成立全国第一个省级高级社会工作师评审委员会，制定了《北京市高级社会工作师评审工作细则（暂行）》，量化了评议考核评分标准，顺利组织对第一批高级社会工作师申报人员的评审，最终确定 13 名同志获得高级社会工作师职业资格。

4. 大力加强社会工作者继续教育

由于我国社会工作专业人才采用“双轨运行”的策略，即通过高等院校专业教育以及社会工作者职业水平评价考试两种途径加以培养，所以大量没有经过长期、系统专业教育的持证人员的专业素养是有一定欠缺的，对于这部分人员的继续教育十分必要。北京市相关部门对于社会工作者的继续教育采取了以下措施。

严管理。2014 年 3 月 3 日，北京市民政局专门制定了《北京市社会工作者继续教育实施办法》，对于社会工作者继续教育的目的、组织管理、内容与形式、学时管理与使用、继续教育机构管理、监督管理等作出明确规定。

全覆盖。2012 年 12 月，北京市社会建设领导工作小组办公室与北京青年政治学院共同举办的“学习贯彻十八大精神、加强首都社工队伍建设”为主题的“万名社区工作者培训项目”正式启动。2012—2014 年的两年多时间里，完成了对全市 16 个区县 2900 余名基层社区中社区工作者的轮训，累计培训 122 期，参训人员达 3.4 万。通过培训，极大地提升了全市社区工作者的专业知识和能力，促进了北京市社会工作者职业化、专业化进程。

分领域。随着社会工作职业分化的加深，北京市社会工作者的继续教育开始由通识性的知识传授向专门化的分领域的技能学习转变。为提升各领域社会工作者能力素质，2015 年以来，北京市面向全市各领域社会工作者开展了综合性、专业性的社会工作高级人才研修班。

2015—2017年,连续3年开展综合性的社会工作高级人才研修班;2018年,联合市卫生和计生委,举办全市首个医务社会工作人才高级研修班;2019年,联合市教委首次共同主办全市教育领域学校社会工作高级人才研修班;北京社会工作者协会和市妇联合作举办6届妇女社会工作研修班;2019年,北京社会工作者协会与市禁毒办组织开展了禁毒专职社工业务骨干培训班;北京社会工作者协会联合市应急管理局组织开展了全市灾害社会工作服务培训班;等等。

5. 通过项目示范和服务督导提升社会工作者专业技能

(1)实施社会工作创新项目。自2010年开始,利用社会建设专项资金在全市范围内实施社会工作创新项目,按照“一街一社工”(一个街道一个专业社会工作岗位)的标准,面向16个区的街道购买专业社会工作岗位,开展社会工作示范岗建设,同时对新建社会工作服务机构给予政策、资金上的扶持。截至2020年,累计开展街道社工岗位建设1500余个(次),对150余家新建社会工作服务机构给予资金扶持。为提升城乡基层社会工作者专业技能,市和区级社会工委、民政局利用市级社会建设转移支付资金,实施“三社联动”基层社会治理创新项目。2019年,街道社会工作示范岗建设项目覆盖全市23个街(乡镇),依托示范岗累计开展服务活动929次,服务对象1.9万人次。东城区天坛街道、永外街道通过实施项目,为社会工作者提供能力建设服务;朝阳区望京、大屯、潘家园等街道在社区社会组织能力提升、社区营造、辅助督导等方面开展服务;丰台区右安门街道、太平桥街道为儿童提供发展服务以及为社区、社会组织提供建设发展服务;门头沟区城子街道、昌平区霍营街道等为居民提供心理辅导服务,为青少年、老年人等特殊群体提供丰富志愿服务资源。

2020年,街道社会工作示范岗建设项目覆盖全市47个街(乡镇),依托示范岗累计开展服务活动705次,服务受益对象达4.5万人次。东城区崇文门外、天坛等街道在提升社区物管会的职责能力、持证社工实务操作陪伴服务等方面提供专业社会工作服务;朝阳区奥运村、呼家楼、朝外等街道开展社区社会组织孵化培育、楼院堆物堆料治理、社区成长伙伴计划、社区议事协商机制探索等参与社区建设相关的工作；石景山区苹果园、五里坨等街道在老旧小区开展“幸福家园360项目”“传统文化惠民项目”，积极参与创城、垃圾分类、冬奥宣传等活动，受到社区居民广泛欢迎。通州区通运街道加强对“家风家教”宣传队、“家庭互助”小组等社区社会组织的培育，根据“12345”热线反映的情况，专业社工运用社会工作方法参与反映问题的解决。

（2）社会工作服务督导制度建设。从2015年开始，每年利用社会建设专项资金在全市范围内优选90个社区实施专业社工社区服务督导项目，由社工机构选派优秀社工跟踪指导社区实施服务项目，提高项目实施效果。2019年，全市开展专业社工社区服务督导项目共63个，覆盖12个区，服务对象9806人次，开展各项服务活动927次，服务内容涉及社会救助、困境未成年人、特殊困难群众、养老、社区治理、党建服务、物业管理模式探索、老旧小区改造、文化品牌打造、社工增能、组织培育、空巢老人、志愿服务、心理健康、社区融合、青少年服务、暑期教育第二课堂等领域。石景山区社会救助项目和养老院护理项目聚焦于被督导者的能力提升，体现了较强的公益性，开展效果较好；东城区突出项目需求评估调查，督导人员对工作职责内容理解比较深入，工作中采用多种方法进行督导，收到较好效果。丰台区通过实施项目，加强了对社区书记的督导，提升他们运用社会工作方法解决问题的能力；密云区注重把握项目的专业性，其督导项目体现了较好的可持续性和可复制性。

2020年，全市开展专业社工社区服务督导项目共62个，累计开展个案、小组、社区督导等服务活动2010次，服务受益对象达4.3万人次。经梳理，各区通过实施该项目，在服务团队能力提升、服务资源链接、项目实施指导、绩效评估等方面提供服务，通过督导带动社工，共同开展服务，加强了对项目的监管，尤其是在社会组织孵化基地建设、优秀社区社会工作专业人才培养试点、社会工作服务等项目中，督导引导社区工作者发挥专业优势，提升了运用社会工作方法解决社区建设难题的能力。

6. 营造有助于社会工作人才队伍建设发展的环境

（1）加强宣传，提高社会工作的社会认知度。2015年，北京市民政局制定《关于进一步加强社会工作宣传的意见》，针对社会工作事业存在专业影响力小、社会认知度和群众认可度低、社会支持力量弱等问题,要求各区县民政局,局机关各处室,各二级、直属单位加大对社会工作的宣传,并对社会工作宣传的重点内容、主要措施和政治保障等作出了明确规定。

为了提升首都社会工作者的职业形象及社会辨识度,2016 年,北京市民政局还印发了《"北京社会工作者"徽章和宣传标识使用管理办法(试行)》。

(2)举办国际社会工作日活动,提升社会工作者职业自豪感。每年 3 月第 3 个星期二是"国际社工日"("世界社工日")。围绕"国际社工日",北京市委社会工委、市民政局及北京社协每年组织开展一系列内容丰富、形式多样的庆祝活动。充分发挥报刊、广播、电视、网络等多种媒体的作用,宣传社会工作者的先进典型和事迹,提高社会工作者的社会知晓度。通过组织开展知识竞赛、文艺会演、先进表彰、专家讲演、案例评审、成就展示等活动,提升社会工作服务机构及社会工作者的专业认同度、归属感、成就感及自信心。从 2012 年起,连续举办 7 届寻找"首都最美社工"活动,共评选出 74 名首都"最美社工"、276 名首都"优秀社工",发挥了"最美社工"评选活动的辐射和带动作用,扩大了社工队伍的社会影响力和知晓度,进一步推动社工队伍专业化、职业化发展。

(3)改善社区工作者薪酬待遇。2008 年 9 月 22 日,北京市委办公厅、北京市人民政府办公厅联合发布《北京市社区工作者管理办法(试行)》,规定社区工作者通过国家社会工作者职业水平考试,获得社会工作师职业水平证书的,自完成登记注册当月起,每人每月增加职业水平补贴 80 元;获得助理社会工作师职业水平证书的,自完成登记注册当月起,每人每月增加职业水平补贴 50 元。各区(县)可根据实际,在此基础上适当提高职业水平补贴标准。之后,又调高了补贴标准,对考取社会工作师、助理社会工作师职业水平证书的社区工作者,分别给予每人每月 300 元和 200 元的职业水平补贴,极大激发了社区工作者参加社会工作者职业水平考试的热情。

2015 年,北京市社会建设工作领导小组办公室印发《关于进一步规范社区工作者工资待遇的实施办法(试行)》,明确从 2015 年 1 月 1 日起,社区工作者总体待遇水平原则上按照不低于上一年度本市职工平均工资 70% 的标准确定。设置四级十二档的专业技术等级工资，与本人所取得的社会工作者职业资格相挂钩。

2018 年，北京市民政局会同市委组织部、市财政局、市人社局印发了《关于进一步规范社区工作者工资待遇的实施办法(2018 年修订)》，明确从 2018 年 1 月 1 日起，全市社区工作者工资总体待遇平均水平由不低于本市职工平均工资的 70% 提高到 100%。同时，提高了专业技术等级工资，社区工作者被评定为社会工作员的，起点专业技术等级工资为 120 元；通过国家社会工作者职业水平考试，获得助理社会工作师、社会工作师职业水平证书的，起点专业技术等级工资分别为 240 元、400 元，自获得证书当月(以批准日期为准)起开始计算；被评为高级社会工作师的，起点专业技术等级工资为 640 元。调整后，全市社区工作者年人均应发工资达到 10 万元，月人均应发工资增长约 3000 元。

(五)结合首都特点加强社会工作实践创新

改革开放以来，我国经济社会发展方面取得骄人成就，中国的国际地位日益提升，人民的物质和文化生活日益丰富。但是在取得成就的同时，也存在因经济飞速发展、社会转型迅猛、社会需求多元而带来的社会管理、民生福祉、资源环境等方面的压力和问题。传统的社会管理暴露出政府包办过多、治理理念陈旧、治理主体发展滞后，法治手段、社会动员和市场力量运用不足等弊端；也存在社区自治功能不强、社会组织参与度不高、民办社会工作服务机构和社会工作专业人才数量不足等问题，与人民群众需求和社会发展要求相比还有较大差距。因而，整个中国社会面临加强和创新社会治理的紧迫任务。

北京是祖国的首都，是全国政治、经济和文化的中心，北京市经济与社会的稳定发展，以及民生保障和公共服务的有效提供，对全国具有举足轻重的示范引领作用。在落实首都城市战略定位、加快建设国际一流和谐宜居之都的关键阶段，北京市委、市政府把社会工作人才队伍作为党的干部队伍的组成部分，对社会工作寄予了加强和创新社会治理有生力量的殷切期望。

为此，依据市委、市政府对于社会工作的定位，北京市民政局于 2014 年和2015年先后制定发布了《关于推进民政社会治理现代化的意见》和《关于加快“三社联动”推动基层社会治理创新的意见》两个指导性文件。在贯彻落实“十三五”规划的近5年间,北京市在社会治理创新中取得了以下工作成果。

1. 发挥社会工作专业作用,着力推进社会工作融入社会治理各领域

市委社会工委、市民政局与市第二中级人民法院合作,以社会工作师为主的“三师一团”工作方式,助力家事审判工作方式改革;与市卫计委合作,以北京安贞医院为试点,探索“医护人员 + 医务社会工作者 + 志愿者”的“三位一体”全方位服务模式,开展精神卫生服务;与市公安局缉毒大队合作,促进社会工作在禁毒方面开展工作;与市司法局合作,开展司法矫正社会工作,探索了社会工作在各领域的工作发展;支持团市委开展青少年社会工作服务,在全市社区青年汇开发设置社会工作专职专岗;支持市残联购买服务,社会工作服务机构承接“温馨家园”开展社会工作助残服务,打造了专业服务的新载体。同时,推动城市管理体制改革,市民政局结合街道社区服务体制改革,通过建立社区议事协商制度和社区服务机制创新,推动社区减负。通过社会工作专业岗位开发设置促进民政服务专业化发展。组织动员全市社会工作机构参与政府购买服务,150多个专业项目获得中央财政资金、市福利彩票公益金、民政部李嘉诚基金会、感恩基金会等多种渠道支持,带动配套资金投入共计8200万元,形成了社会组织参与社会治理、解决社会问题、促进社会融合的局面。

2. 创新治理理念,推动“三社联动”机制建设

高度重视“三社联动”服务机制创新,市政府连年将“三社联动”列为折子工程和重点工作。市民政局专门成立了“三社联动”工作领导小组,设立办公室,在社会工作处设立项目管理办公室,各区和街道成立相应的组织领导机构,建立联动服务平台。构建“三社联动”工作联席会议、服务联办、需求反馈等制度体系,推动了服务机制创新发展;促进专业社工、社区工作者和志愿者相互协作机制建立,形成社区行政力量、社会力量和专业力量有机结合的联动服务机制。从2019年以来,市委社会工委市民政局对原社会建设、民政系统购买社会工作服务项目进行整合,在保留传统项目优势基础

上,优化项目内容,连续两年实施"三社联动"基层社会治理创新项目,实施"三社联动"项目43个、开展各项服务活动141余次,受益群体涵盖了老年人、残疾人、儿童青少年、社区志愿者、社区工作者及其他社会居民等,据不完全统计,累计服务对象近5.8万余人次。形成了以政府购买服务为牵引,以社区为平台,以社会组织为载体,以专业社工为支撑的联动服务机制。通过"三社联动",组织动员社会资源和社会力量广泛参与,满足社区居民个性化、专业化服务需求,把矛盾化解在社区,把多元服务供给实现在社区,创新了社会治理手段、社会服务供给方式和社会动员机制,形成了"三社联动"的北京模式,探索建立了社会工作参与精准救助工作机制,建立现代社会救助的新理念、新方法。

3. 探索社会领域动员体制机制建设

一是将社会动员纳入《北京市"十三五"时期社会治理规划》内容,明确社会动员"每万人常住人口拥有社会组织数""基层自治组织选举居(村)民参与率""实名注册志愿者人数比例"等评估指标。二是探索开展社会动员试点工作。从2013年开始,分批在街道(乡镇)围绕治理"大城市病"、居民自治、共治共建、应急动员、志愿服务等开展社会动员试点,推动社会协同、扩大公众参与。三是广泛发动社会力量服务保障民生、参与社会治理。始终把社区作为社会动员的基础单元,充分调动社区各类资源,动员居民广泛参与,加强社区居民自治,朝阳区"居民提案"、海淀区"清河试验"等成为动员居民参与社区治理的典范。四是初步积累了社会动员成功经验。通过"一带一路"峰会、国庆70周年、疏解首都非核心功能等重大会议、重大活动、中心工作等,组织动员社区、社会组织、新经济组织、驻区单位及社会公众依法有序参与,积累了比较丰富的社会动员经验。

4. 支持和推动志愿服务发展

积极探索"社工+志工"联动模式。培育发展社区社会组织,动员驻区单位、社区居民组建志愿服务团队,在专业社会工作机构带动下,激发社区内生力量,构建形式多样、内容丰富的社区志愿服务体系,促进在扶贫帮困、普法教育、助老助残、治安巡逻、社区自治等多个领域的志愿服务活动开展。在社区、社会组织、商务楼宇、非公经济组织、专业社工机构等社会领域实现志愿服务组织和志愿服务工作全覆盖,累计建成商务楼宇志愿服务站 570 个、非公经济组织志愿服务组织 339 个、专业社工机构志愿服务组织 169 家,基本形成了比较完整的志愿服务工作体系。

(六)完善政府购买社会服务的政策规范

近年来,政府购买社会工作服务政策日渐完善。国家相关部委先后出台政府向社会力量购买服务的实施意见、政府购买服务管理办法等文件。2014 年,北京市政府办公厅出台《关于政府向社会力量购买服务的实施意见》。2019 年 6 月,市委社会工委市民政局出台《社会建设与民政领域政府购买社会工作服务项目资金使用管理指引》,是全市首个根据专业社会工作服务特点制定资金使用管理的指导性文件。2020 年,又先后出台《市委社会工委　市民政局政府购买服务指导性目录》《北京市街道办事处政府购买服务指导性目录》,均将社会工作服务纳入指导性目录。上述文件为推动社会工作服务开展提供了政策保障,形成了市区乡镇(街道)三级政府及其派出机构购买社会工作专业服务机制。

(七)利用北京智力资源优势开展社会工作实践研究

北京市高等院校中社会工作专业教育资源比较丰厚,相较于其他省份而言,北京市的高校办学历史长、师资队伍齐、理论水平高、实践能力强。北京市相关政府部门以及社会工作行业组织利用这一优势条件开展社会工作实践研究,取得不俗成果。

北京市委社会工委市民政局以及其他市属部门与高校合作,开展社会工作专题研究,研究成果包括养老机构社会工作服务规范、北京市专业社会工作岗位开发设置专题报告、北京市社会工作人才队伍建设发展研究报告、京津冀社会工作专业人才队伍建设协同发展专题报告、北京市医务社会工作制度建设可行性专题报告、北京市社会工作专业人才供求问题研究报告、北京市社区工作者与社会工作者融合发展研究报告、北京适度普惠型儿童福利制度建设研究报告、北京市灾害社会工作指导手册等。

(八)积极推进与京外社会工作同行合作交流

社会工作事业是一项全局性的事业,各地在发展进程中,积累了丰富的经验,形成了各具特色的发展模式,加强各地社会工作组织和人员的合作交流,有利于社会工作更好更快发展。近年来,北京社协在市委社会工委市民政局支持下,发起和推动多项地区性的交流合作项目。

1. 京粤合作

2015 年 6 月 10 日,北京社协与广东省社会工作师联合会签订《京粤战略合作协议》及《2016 年京粤合作备忘录》。经过友好协商,以优势互补、相互协作为原则,以促进两地社会工作行业组织建设和社会工作行业良好发展为目标,实现信息共享、相互支持共同建立战略合作伙伴关系。

2016 年 10 月 18 日,双方共同举办“2016 京粤南北社会工作交流研讨会”,交流研讨会的主题是“携手、担当、融合、创新”。各级社会工作主管领导、行业专家、李嘉诚基金会代表,上海、天津、河北等地特约嘉宾以及北京、广东两地社工 100 多名代表参与了研讨会。

2. 京津冀合作

2016 年 4 月 13 日,北京、天津、河北三地社会工作行业协会(促进会)在京共同签订《京津冀社会工作人才队伍建设协同发展框架协议》,进一步深化三地在社会工作资源方面的共享与合作,提升三地社会工作协同发展的质量和水平。协议由《京津冀社会工作者教育培训框架协议》《京津冀三地社会工作信息建设框架协议》《京津冀专业社会工作机构连锁发展框架协议》和《京津冀社会工作资源共享框架协议》四部分组成。

截至 2020 年底,京津冀三地社会行业组织协同发展,开展京津冀(邢台)灾后社会工作与志愿者培训交流研讨会;举办京津冀专业社会工作区域协同发展与社会治理创新论坛暨第六届全国社会工作高级研修班;举办“双工携手助力雄安”社会工作发展论坛;创建“双工携手服务冬奥”社会工作指导中心;召开四届京津冀社会工作发展研讨会;制定京津冀社工人才协同发展“十三五”“十四五”规划等一系列活动。

3. 北上广合作

2017 年 1 月 6 日,在中国社会工作联合会的倡导下,北京社协、上海市社会工作者协会和广东省社会工作师联合会三方在上海市共同签署战略合作协议,并签订了2017年京粤、京沪、沪粤战略合作工作备忘录,这标志着“京沪粤社会工作行业结成战略合作联盟”正式成立。

4. 与其他省市合作

在京津冀、北上广战略合作的基础上,北京市加强了与全国其他省市地区社会工作行业组织的合作,先后与青海、内蒙古、云南、山东,以及鄂尔多斯、潍坊、成都、唐山、张家口、承德、惠州等省市开展了合作与交流。

在2017年亚太地区社会工作区域联合会议期间,来自北京、上海、广东、天津、河北、青海、内蒙古等省份社会工作行业组织举行“中国社会工作1+N行业组织深圳会晤”。

2017年11月9日—17日,举办北京市社会工作与精准救助实务与实践研修班暨第七届全国社会工作专业人才高级研修班。研修班分为北京教学和异地教学两部分。来自北京、内蒙古、河北等地民政部门主管社会工作领导,北京市各专业社工机构负责人近150人参加了学习。

2018年12月18日—21日,全国农村社会工作实务实践研讨暨第八届“融合发展”全国社会工作高级研修班在京举办。来自上海、广东、河北、内蒙古、天津、青海、福建、湖南、四川等地社会工作行业组织和农村社会工作领域理论和实务专家齐聚一堂,采用“政策解读+理论授课+案例分享+团体讨论与体验+参访”的方式开展交流。

2018年、2020年,京、沪、粤、港、青、内蒙古等社会工作行业组织连续两届联合主办鄂尔多斯市“相聚草原　社工论剑”主题活动。

2017—2020年,连续召开四届“京青社会工作行业组织交流会”。一方面青海省各州市基层社工协会负责人或州市民政部门主管社会工作负责人来京,另一方面北京社协组织专家教授赴青海进行互访交流。

四、北京市社会工作发展现状

(一)社会工作专业人才资源总量及分布

社会工作专业人才资源是一个比社会工作从业人员、社会工作者职业水平证书持证人员更加宽泛的概念，是指具有一定社会工作或相关专业训练背景、已经从事或有可能从事社会工作职业活动的在职或潜藏的专业人才。按照中组部、民政部关于社会工作专业人才的统计口径，纳入“社会工作专业人才”具备以下条件之一即可：取得全国社会工作者职业水平证书；取得社会工作及相关专业大专以上学历，相关专业主要是社会学、社会政策、民政管理、社区管理等专业；2011 年以来接受过累计不少于 120 小时的社会工作专业教育或培训。

2012 年，中央 19 部委和群团组织联合发布的《社会工作专业人才队伍建设中长期规划（2011—2020 年）》提出，到 2020 年我国社会工作专业人才队伍总量要达到 145 万人，就是从专业人才资源的角度而言的。145 万人的目标是按照全国总人口每 1000 人拥有 1 名社会工作专业人才的比例计算而来的。

北京市经过数年努力，在社会工作专业人才的培养方面取得不俗成绩。

1. 社会工作专业人才数量目标基本达到

《首都中长期社会工作专业人才发展规划纲要（2011—2020 年）》提出的目标是：到 2020 年，北京市社会工作专业人才总量达到 8 万人。经过多年努力，尤其是经过“十三五”期间的大力推进，北京市社会工作专业人才队伍数量逐年增加，截至 2020 年底，人才总量达到 7.68 万名（见表 2）。由于新冠肺炎疫情的原因，北京市 2020 年社会工作者职业水平考试延缓，影响了本年度社会工作专业人才数量的增长。

表 2 北京市“十三五”期间社会工作专业人才资源汇总（截至 2020 年底）

年份	人才总数（万）	40 岁以下占比（%）	大专及以上人员占比（%）	持证人员占比（%）
2016	6.15	62.39	85.85	40.76
2017	6.28	55.12	85.46	42.71
2018	6.78	55.20	92.47	49.66
2019	7.57	65.79（45 岁及以下）	87.05	47.95
2020	7.68	66.21（45 岁及以下）	87.25	47.29

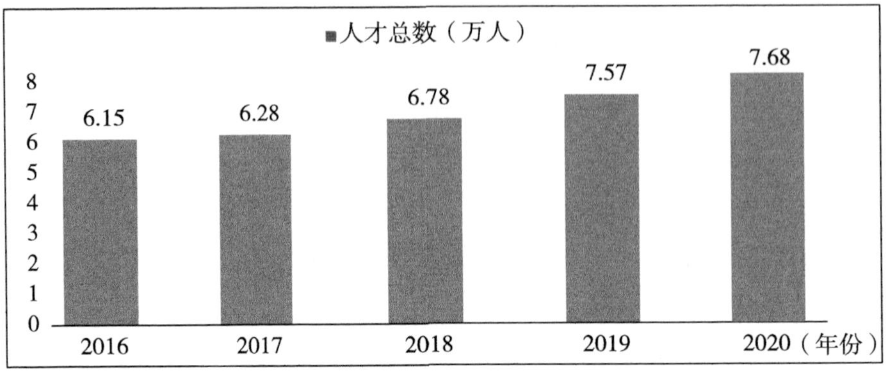

图1　北京市“十三五”期间社会工作专业人才总数(截至2020年底)

2. 北京市社会工作专业人才资源分布

按系统分布。北京市社会工作专业人才资源分布较广,几乎遍及民政、政法、司法、公安、教育、人社、信访、卫生健康、退役军人、应急管理、群团组织等社会工作实务的所有领域(见图2)。

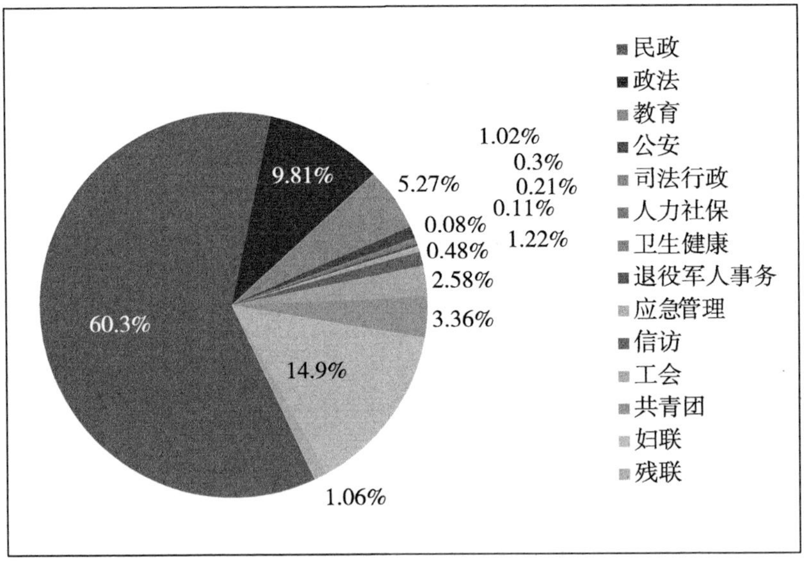

图2　北京市社会工作专业人才资源系统分布情况(截至2020年底)

按单位性质分布。北京市社会工作专业人才按单位性质的分布比较广泛。无论是基层群众自治组织、社区服务机构、事业单位、群团组织、社会组织、企业还是行政机关等不同性质的单位，都有社会工作专业人才（见图3）。

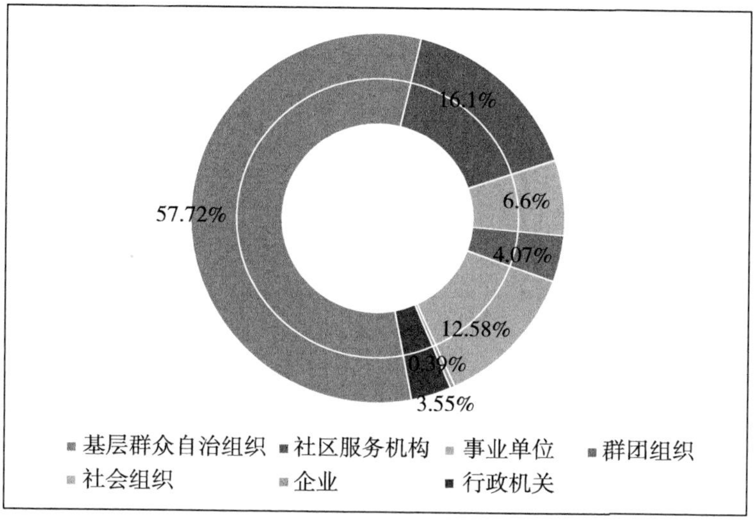

图3　北京市社会工作专业人才资源按单位性质分布情况（截至2020年底）

按城乡区域分布。北京市社会工作专业人才大部分集中在城区，占3/4；农村人才资源量只占1/4（见图4）。

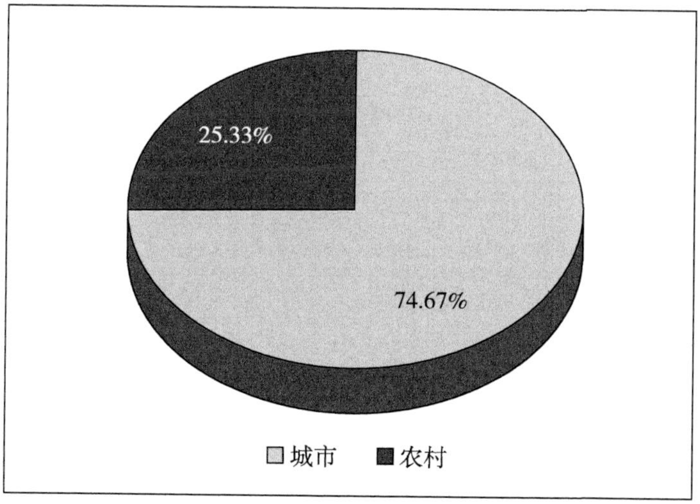

图4　北京市社会工作专业人才资源按城乡分布情况（截至2020年底）

(二)社会工作者职业水平证书持证人员数量及构成

1. 社会工作者职业水平证书持证人数目标基本达到

《首都中长期社会工作专业人才发展规划纲要(2011—2020年)》提出的目标是:到2020年,获得社会工作者职业水平证书的专业人才不少于4万人。经过多年努力,尤其是经过"十三五"期间的大力推进,北京市社会工作者职业水平证书持证人数逐年增加,截至2019年底,持证人数达到36336名(见表3)。由于新冠肺炎疫情的原因,北京市2020年社会工作者职业水平考试延缓,影响了本年度社会工作者职业水平证书持证人数的增长。

表3 北京市社会工作者职业水平证书持证人数统计

年份	助理社会工作师			社会工作师			合计		
	报考人数	合格人数	(%)	报考人数	合格人数	(%)	报考人数	合格人数	(%)
2008	6087	2553	41.94	6195	401	6.47	12282	2954	24.05
2009	5481	788	14.38	4428	493	11.13	9909	1281	12.93
2010	6944	981	14.13	2778	396	14.25	9722	1377	14.16
2011	9504	1543	16.24	3060	350	11.44	12564	1893	15.07
2012	11504	3492	30.35	2914	726	24.91	14418	4218	29.26
2013	11223	2605	23.21	3760	1102	29.31	14983	3707	24.74
2014	9426	1833	19.45	3911	701	17.92	13337	2534	19.00
2015	10821	1865	17.24	4538	894	19.70	15359	2759	17.96
2016	10650	3234	30.37	4787	1125	23.50	15437	4359	28.24
2017	10705	950	8.87	5792	809	13.97	16497	1759	10.66
2018	13633	4122	30.24	6673	1333	19.89	20306	5455	26.86
2019	16467	2888	17.54	9739	1152	11.83	26206	4040	15.42
总计	122445	26854	21.93	58575	9482	16.19	181020	36336	20.07

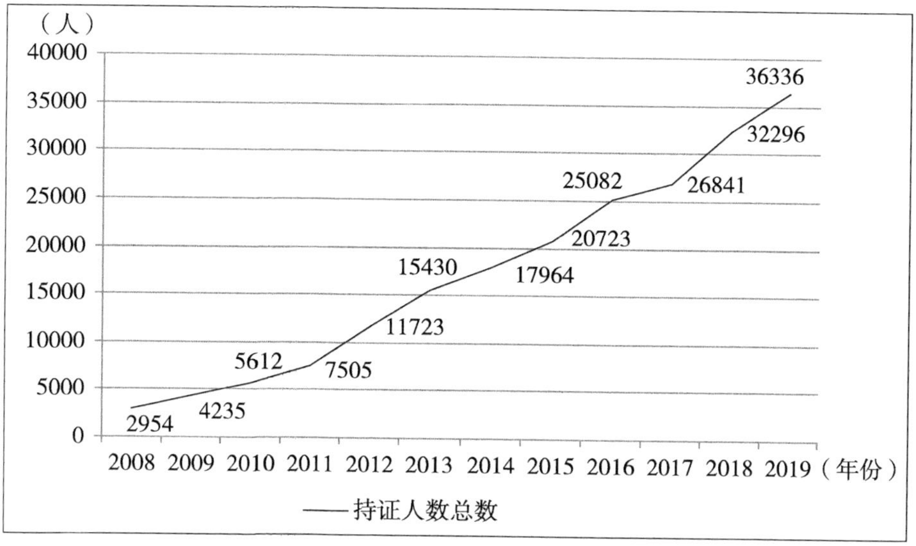

图 5 北京市社会工作者职业水平证书持证人数统计

2. 持证人员年龄、性别分布

年龄分布。此处所谓年龄，是指持证人员获得证书当年的年龄，而非截至 2019 年底北京市所有持证人员的年龄。统计显示，北京市社会工作者职业水平证书持证人员主要集中在 35 岁及以下和 36—45 岁两个年龄段，尤其是 35 岁及以下的持证人员占比最高，除了个别年份外，大多数年份，这一年龄段的持证人数比例都占一半以上，有的年份甚至超过 70%。46—55 岁和 56 岁及以上两个年龄段持证人数相加都很低，说明北京市持证人员较为年轻化（见表 4）。

表 4 北京市社会工作者职业水平证书持证人员年龄分布

年份	35 岁及以下		36—45 岁		46—55 岁		56 岁及以上	
	人数	%	人数	%	人数	%	人数	%
2008	1548	52. 4	1116	37. 8	285	9. 6	5	0. 2
2009	675	52. 7	510	39. 8	90	7. 0	6	0. 5

续表

年份	35岁及以下		36—45岁		46—55岁		56岁及以上	
	人数	%	人数	%	人数	%	人数	%
2010	817	59.3	478	34.7	80	5.8	2	0.1
2011	1327	70.1	485	25.6	77	4.1	4	0.2
2012	2940	69.7	1109	26.3	168	4.0	1	0.02
2013	2586	69.8	987	26.5	133	3.6	1	0.03
2014	1788	70.6	644	25.4	99	3.9	3	0.1
2015	1853	67.2	793	28.7	109	4.0	4	0.1
2016	1539	35.3	2084	47.8	695	15.9	41	1.0
2017	1062	60.4	607	34.5	85	4.8	5	0.3
2018	3140	57.5	2051	37.5	260	4.8	4	0.1
2019	2233	55.3	1643	40.7	158	3.9	6	0.1
总计	21508	51.1	12507	40.9	2239	7.7	82	0.4

性别分布。从表5可见,北京市社会工作者职业水平证书持证人员的男女性别比基本维持在1:4,各个年份考试合格获得证书的人员中,男性比例都未超过20%,而女性人数超过八成,这一现象与全国其他省份基本相似,说明社会工作这一公益助人性质的职业,较能吸引女性从业。

表5　北京市社会工作者职业水平证书持证人员性别分布

年份	男性		女性		合计	
	人数	%	人数	%	人数	%
2008	591	20.0	2363	80.0	2954	100
2009	233	18.1	1048	81.9	1281	100
2010	236	17.1	1141	82.9	1377	100
2011	296	15.6	1597	84.4	1893	100

续表

年份	男性		女性		合计	
	人数	%	人数	%	人数	%
2012	810	19.2	3408	80.8	4218	100
2013	665	17.9	3042	82.1	3707	100
2014	425	16.7	2109	83.3	2534	100
2015	431	15.6	2328	84.4	2759	100
2016	724	16.6	3635	83.4	4359	100
2017	257	14.6	1502	85.4	1759	100
2018	931	17.1	4524	82.9	5455	100
2019	641	15.9	3399	84.1	4040	100
总计	6240	16.4	30096	83.6	36336	100

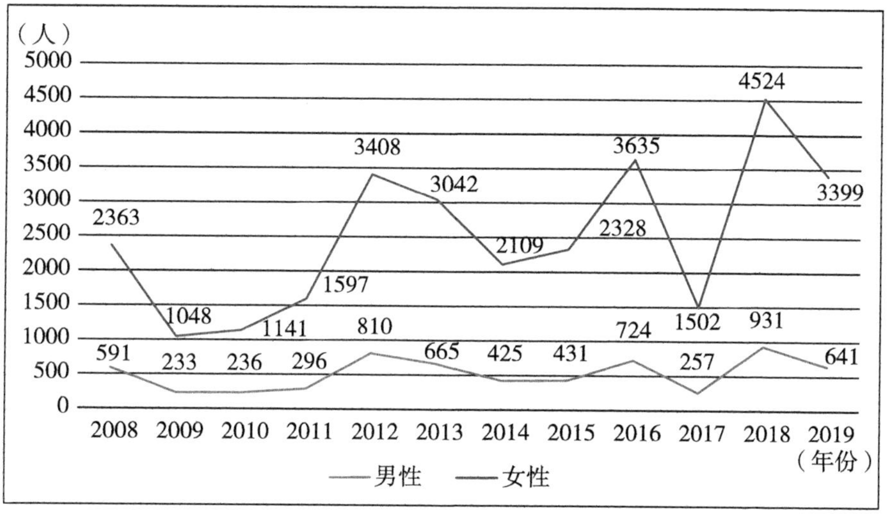

图6 北京市社会工作者职业水平证书持证人员性别分布

（三）社会工作专业教育院校情况

社会工作者是为社会和民众提供服务的专业人才，需要经过长期与严格的教育和训练才能具备一定专业能力。高等院校是社会工作专业人才培养的主要场所,在各国社会工作发展过程中,高等院校起到了不可忽视的重要作用。我国高等院校专业教育先于专业实务而存在,因此,高等院校的社会工作专业教育在推动社会工作事业发展中起到更加突出的作用。

北京是全国高等教育最发达的地区,北京市社会工作专业教育也走在全国前列,起到开创和引领的作用。如表6所示,北京市开办社会工作本科专业教育的高等院校共计21所,且大都在2004年之前开办,办学历史长、师资队伍齐、学生素质优、社会影响大。表7则显示,北京市开办社会工作专业硕士学位(MSW)教育的高等院校和科研机构共计19家,占同期全国157家的12.1%。

此外,北京城市社会管理职业技术学院和北京青年政治学院开设社会工作高职高专层次教育;国家开放大学社会工作学院以及北京开放大学则在成人继续教育系统中开办本科和专科层次社会工作专业教育;北京大学、中国人民大学、中国社会科学院大学、中国政法大学、中央民族大学等院校在社会学博士专业中设置社会工作方向,由此形成了结构合理、层次齐全的首都社会工作专业教育体系。

表6 北京市社会工作专业本科教育院校名录

年份	序号	高校名称	备注
1989—1999	1	北京大学	同期全国28家,北京5家,占比17.9%
	2	中国青年政治学院	
	3	中国人民大学	
	4	北京科技大学	
	5	中华女子学院	
2000	6	中国政法大学	同期全国27家,北京3家,占比11.1%
	7	首都经济贸易大学	
	8	北京工业大学	

续表

年份	序号	高校名称	备注
2001	9	北京师范大学	同期全国36家,北京3家,占比8.3%
	10	首都师范大学	
	11	华北电力大学	
2002	12	北京理工大学	同期全国35家,北京2家,占比5.7%
	13	北京农学院	
2003	14	中国劳动关系学院	同期全国26家,北京2家,占比7.7%
	15	北京联合大学	
2004	16	中央民族大学	同期全国21家,北京3家,占比14.3%
	17	北京建筑工程学院	
	18	首都师范大学科德学院	
2005—2009			同期全国70家,北京0家,占比0%
2010	19	中央财经大学	同期全国18家,北京3家,占比16.7%
	20	北京城市学院	
	21	北京工业大学耿丹学院	
2011—2019			同期全国89家,北京0家,占比0%
总计			同期全国350家,北京21家,占比6%

表7　北京市社会工作专业硕士学位(MSW)教育院校名录

年份、批次	序号	高校名称	备注
2009(第一批)	1	北京大学	同期全国34家,北京7家,占比20.6%
	2	中国人民大学	
	3	北京师范大学	
	4	北京师范大学社会发展与公共政策学院	
	5	中国社会科学院	
	6	首都经贸大学	
	7	清华大学	

续表

年份、批次	序号	高校名称	备注
2010 (第二批)	8	中央民族大学	同期全国 25 家,北京 1 家,占比 4.0%
2011—2012 (第三批)	9	北京城市学院	同期全国 3 家,北京 2 家,占比 66.7%
	10	中华女子学院	
2014 (第四批)	11	北京工业大学	同期全国 43 家,北京 6 家,占比 14.0%
	12	北京科技大学	
	13	北京建筑大学	
	14	中国政法大学	
	15	中国青年政治学院	
	16	国家行政学院	
2015 (第五批)			同期全国 1 家,北京 0 家,占比 0%
2017 (第六批)	17	首都师范大学	同期全国 45 家,北京 3 家,占比 6%
	18	中央财经大学	
	19	北京农学院	
2018—2019 (第七批)			同期全国 6 家,北京 0 家,占比 0%
总计			同期全国 157 家,北京 19 家,占比 12.1%

(四)社会工作者职业水平证书持证人员继续教育情况

北京社会工作者协会自 2013 年正式更名后,在市委社会工委、市民政局指导下,承担起对持证社会工作者进行注册登记、继续教育、专业培训等工作任务,2014—2020 年,北京社会工作者协会共举办 86 期继续教育专题培训班,受训人数达 22921 人(见表 8)。

表 8　北京市 2014—2020 年培训人数汇总

年份	总期数	初级人数	中级人数	累计人数
2014	8	1404	505	1909
2015	8	1645	471	2116
2016	14	1754	1169	2923
2017	16	2006	1206	3212
2018	16	2863	1404	4267
2019	17	2791	1775	4566
2020	7	2527	1401	3928
总计	86	14990	7931	22921

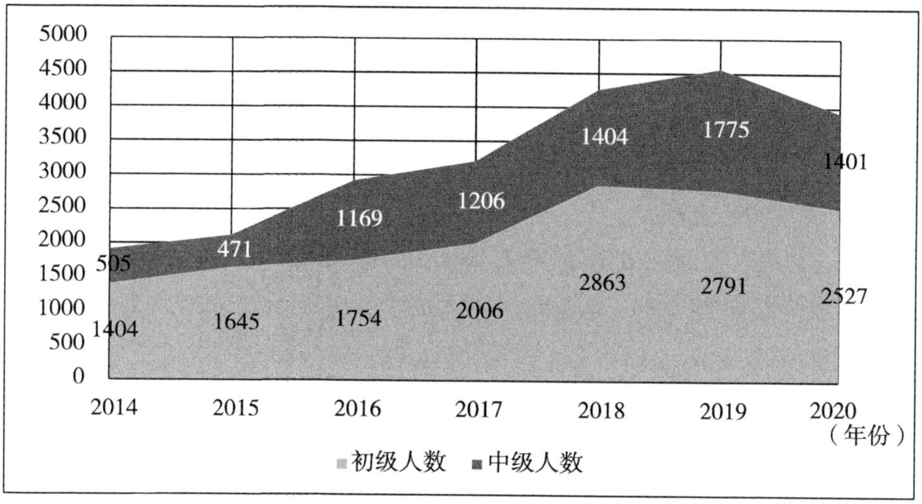

图 7　北京市 2014—2020 年培训人数汇总

（五）社会工作行业组织情况

行业组织的出现是社会职业成为专业的标志之一，有了行业组织的指导和服务，行业中的机构和人员就会产生凝聚力，才能提升专业水平和服务质量。

社会工作行业组织也是社会组织的一种类型,包括社会工作联合会(协会)、社会工作教育协会、社会工作学会等。社会工作行业组织从层级角度论,可以分为全国性行业组织、省级行业组织、地级市行业组织、县市级行业组织,以及乡镇街道行业组织等。在北京市社会组织管理中心指导下,社会工作行业组织建设有长足发展,截至2020年底,市区两级社会工作行业组织共计17家,涵盖的单位会员618个,个人会员6713人(见表9)。

表9　北京市社会工作行业组织发展情况(截至2020年底)

级别	社会工作行业协会数量(个)	成立党组织数量(个)	行业协会单位会员数量(个)	行业协会个人会员数量(人)
市级	1	1	239	168
区级	16	16	379	6545
总计	17	17	618	6713

(六)民办社会工作服务机构情况

1. 注册登记情况

民办社会工作服务机构是社会组织的一种类型,是专门从事社会工作服务的非营利性、公益性、专业性的社会组织。社会工作服务机构数量多少以及水平高低,是衡量地区社会工作事业发展程度的重要指标。按照我国现行法规,作为民办社会组织,社会工作服务机构需要在当地民政部门注册登记,接受民政局审核批准和考核评估。北京市民政局依据大力支持发展和严格管理规范的精神,促进了全市社会工作服务机构的健康发展,截至2019年底,市区两级审核批准的社会工作服务机构达823家(见表10)。2020年共计达到887家。

表 10 北京市社会工作服务机构发展情况(截至 2019 年底)

级别	机构数量(个)	专职工作人员数量(人)	机构中设立基层党组织数量(个)	专职工作人员中的党员数量(人)
在北京市民政局注册登记	219	1104	55	247
在各区民政局注册登记	604	1183	118	253
总计	823	2287	173	500

2. 业务主管情况

按照我国现行法规,作为民办社会组织,社会工作服务机构除了需要在当地民政部门注册登记并接受审核批准和考核评估外,还要按照其从事服务活动的性质,接受与此类服务活动相关的行政主管部门的业务管理。2013 年 11 月 12 日,党的十八届三中全会提出创新社会治理体系的任务,为了激发社会组织活力,要求限期实现行业协会商会与行政机关真正脱钩,重点培育和优先发展行业协会商会类、科技类、公益慈善类、城乡社区服务类社会组织,成立时直接依法申请登记。北京市在社会治理体系创新中,又提出由枢纽型社会组织管理社会服务机构的思路,由此形成北京市社会工作服务机构业务主管单位多样化的形态(见表 11)。

表 11 北京市社会工作服务机构业务主管单位分布(截至 2020 年底)

业务主管单位	数量(个)	占比(%)
乡镇政府或街道办事处	96	10.8
社会建设和民政部门	293	33.0
司法部门	14	1.6
工会	2	0.2
共青团	14	1.6
妇联	17	1.9
残联	15	1.7

续表

业务主管单位	数量(个)	占比(%)
其他	53	6.0
无业务主管单位	383	43.2
总计	887	100.0

(七)社会工作资金投入情况

社会工作是公益性、非营利性的专业服务活动,服务的开展需要经费支持。为了提供经费保障,北京市出台的多个政策文件中,提出要从经费上支持和保障社会工作事业发展。2017 年,北京市财政局、民政局、社会建设工作办公室制定印发了《关于通过政府购买服务支持社会组织培育发展的实施意见》,要求大力推进政府向社会组织购买服务,在保障基本公共服务供给和财政资金安全、高效的基础上,以放宽准入门槛,扩大购买服务份额,加强能力建设等方式,激发社会组织发展活力,促进社会组织专业化发展和提供公共服务能力持续提升,有效满足人民群众日益增长的公共服务需求,为建设国际一流的和谐宜居之都奠定坚实的基础。

近年来,北京市区两级财政不断加大对社会工作服务的政府购买力度,市级福利彩票公益金也持续支持社会工作事业发展,据不完全统计,仅 2019 年,北京市财政性资金和福利彩票公益金等其他资金的投入就超过 5 亿元,比 2018 年增加 3000 余万元。

五、北京市社会工作发展的特点与反思

(一)北京市社会工作发展的特点

社会工作作为以科学理论与方法开展助人活动的职业,它与当时当地经济社会发展阶段的特点,以及当时当地社会与民众的问题与需求紧密联系,因此,每一个国家或地区,社会工作发展的特点都不尽相同。从 1989 年至今的 30 年中,北京市社会工作发展与其他地区相比较,呈现出如下显著特点。

1. 党建引领政府主导

社会工作专业人才队伍建设是党的干部队伍建设的有机组成部分，按照党管人才的原则，加强党和政府对社会工作专业人才队伍建设的领导，是保障其方向正确和发展顺利的首要前提。作为首都地区的社会工作事业发展，更要坚持党委领导、政府负责的原则。

（1）健全党和政府领导社会工作事业发展的组织架构。一是在全国率先成立省级党委下属的社会工作专业委员会；二是建立党和政府多部门合作的联席会议制度；三是依据机构改革的要求实现党和政府相关部门的合署办公。

（2）建立和完善社会工作事业发展的政策法规体系。从 2008 年至 2020 年，北京市出台《首都中长期社会工作专业人才发展规划纲要（2011—2020 年）》等系列文件，明确了首都社会工作人才队伍建设发展方向。市级陆续出台的社会工作者职业水平考试、证书登记和继续教育工作、岗位开发设置与人才激励保障、社会工作参与精准救助等相关政策制度 20 余项；各区出台的相关政策 30 余项，初步形成了以综合政策规划为引领、专项政策为配套、各区政策为支撑的专业社会工作政策体系，以便社会工作发展的每一项大的举措都有相关政策法规作为依据。

（3）推动社会组织加强党的组织建设和思想建设。为实现社会组织党的组织和工作全覆盖，按照"规模适中、性质相近、有效衔接、全面覆盖"的原则，以及先易后难、先小后大的步骤，北京市委社会工委市民政局稳步推进行业协会商会综合党委系统社会组织联合党委组建工作，通过党建引领方式，搭建平台、凝聚资源，把优质的服务引入各个部门或街道社区，实现党建引领促发展。

2. 侧重社区深耕基层

由于历史的原因，社会工作在中国的发展一度中断 38 年，在作为职业和专业的社会工作消失期间，社会福利服务在非专业的情境下继续运行，因而，中国社会工作人才出现了"专业社会工作者"和"实际社会工作者"两部分群体。如何看待和处理这两部分人才的关系，是社会工作发展绕不过去的议题。

北京市将大量“行政性、非专业”的社会管理和服务人员纳入社会工作专业人才队伍建设的视野,尤其是将城乡基层社区工作者作为北京市社会工作人才队伍的重要组成部分,推动其向职业化、专业化的方向转变。一是出台一系列有关加强社区工作和社区工作者管理的政策文件,明确提出“社区工作者坚持职业化、专业化发展方向,纳入社会工作者职业序列”的要求。二是推动建立城乡基层社区服务站,招收大学生社区工作者充实基层。三是动员并鼓励社区工作者参加社会工作者职业水平考试和进修培训,使北京市社会工作专业人才分布中城乡基层自治组织人员占比达到57.72%。四是针对社区工作者的社会工作知识与技能方面的继续教育全覆盖。五是致力于改善社会工作者薪酬待遇政策的主要受益群体是城乡基层社区工作者。

3. 人才资源国内领先

(1)社会工作高等教育资源在全国居第一梯队。北京市开设社会工作本科专业教育的高等院校共计21所,占全国开设类似专业教育院校的6%,且大部分都是2004年之前开设的,办学历史长、师资队伍齐;北京市开设社会工作专业硕士学位教育的高等院校和科研机构共计19家,占全国开设类似专业教育院校和科研机构的12.1%。

(2)按总人口计算的社会工作持证人数占比全国第一。截至2019年底,北京市社会工作者职业水平证书持证人数达36336人,与北京市2019年底常住人口2153.6万人相比,持证人数为每千人1.68人,是同期全国持证人数每千人0.37人的4.5倍。

(3)按总人口计算的民办社会工作服务机构数量全国第一。截至2019年底,全国各地共成立1.3万家民办社会工作服务机构。其中,江苏、浙江、广东民办社会工作服务机构超过1000家,属于第一梯队;北京、上海、湖南、四川民办社会工作服务机构超过500家,属于第二梯队。但是,从地区总人口与社会工作服务机构数量的比例计算,北京市的占比在全国排第一。2020年底,北京市民办社会工作服务机构总计887家,每万名常住人口拥有0.41家社会工作服务机构,同期全国每万人口拥有0.09家社会工作服务机构。

4. 深入参与社会治理

作为全国政治、经济、社会、文化中心的北京,社会工作事业发展的出发点和着力点，就是发挥社会工作在社会治理体系创新中的独特作用。为此，市委、市政府制定和实施相关政策，推动“三社联动”机制建设；政府购买社会工作服务也向社会治理创新点项目倾斜，着力推进社会工作融入社会治理各领域；社会工作者致力于实践创新，逐步建立完善了社区自治机制、社会组织协同机制、志愿服务统筹协调机制、驻区单位共驻共建共商共治机制和重大社会动员、日常社会动员、应急社会动员机制，基本形成了北京市社会动员工作体系。

（二）北京市社会工作发展的反思

30 年间，北京市社会工作事业取得长足发展，与此同时，北京市的社会工作也存在一定问题与不足。

社会工作人才的地域分布存在不平衡现象，表现为重城区轻农村、重中心城区轻边远郊区。无论是社会工作职业水平考试持证人数，还是民办社会工作服务机构数，虽然总体上处于全国领先位置，但在北京市的范围内，主要集聚在城区，尤其是集聚在东（城）西（城）海（淀）朝（阳）丰（台）等中心城区，其他远郊区和农村地区，社会工作者数量和社会工作服务机构数量都较少，专业化服务水平也相对较低。

社会工作人才的内在结构存在不合理现象，表现为高层次人才数量少，低层次人才比例大。截至 2021 年初，北京市社会工作者职业水平证书持证人数为 3. 6 万余人，其中大部分为初级和中级水平证书，高级证书持证者仅 13 人，初级、中级、高级人才的比例为 73. 87%、26. 09%、0. 04%，离结构合理的初始目标差距较大。

社会工作人才的数量增长与质量提升存在不同步现象，表现为数量增长迅猛而素质提升缓慢。许多社会工作者是通过水平评价考试获得社会工作者水平证书，并没有受过长期、系统的专业教育与训练，专业素养较为欠缺，服务质量不尽理想。

社会工作服务机构的能力与社会期望存在不匹配现象，表现为服务机构规模小、能力弱、流动性大、专业性差。

社会工作事业发展的外部环境与社会迫切需求存在脱节现象，表现为某些服务部门和领域行动迟缓,政府购买服务项目力度有待加强,专业社会工作者的薪酬待遇有待改善。

六、北京市“十四五”规划期间社会工作发展思路

党的十九届五中全会通过的我国经济社会发展“十四五”规划和2035年远景目标,将发挥社会工作在社会治理中的作用写入其中,提出完善社会治理体系,健全党组织领导的自治、法治、德治相结合的城乡基层治理体系,完善基层民主协商制度,实现政府治理同社会调节、居民自治良性互动,建设人人有责、人人尽责、人人享有的社会治理共同体。发挥群团组织和社会组织在治理体系中的作用,畅通和规范市场主体、新社会阶层、社会工作者和志愿者等参与社会治理的途径。

依据党的十九届五中全会精神,北京市“十四五”规划期间社会工作事业发展的目标是推动社会工作事业高质量发展。

(一)完善社会工作发展的制度机制

健全社会工作专业人才队伍建设联席会议制度,逐步扩大覆盖领域,提高顶层设计、发展统筹、资源整合、组织协调能力。推动将社会工作人才发展经费纳入财政支持范围,列入年度经费预算。完善社工人才服务和信息化管理平台,夯实市区一体化管理基础。更大力度拓展社会工作发展领域,推动社会工作向医务、教育、社会服务等领域深化,逐步纳入专业技术岗位管理。推进社会工作信用体系建设,建立健全专业社工机构、社会工作者的诚信档案,完善奖励、惩罚机制,促进行业自律。

(二)促进社会工作专业化职业化发展

推动职业评价,会同人力社会保障部门,健全完善初级、中级、高级有序衔接的职业水平评价体系,打通职业发展通道。完善教育培训体系,实施社会工作专业硕士研究生培养、社会工作高级研修计划,鼓励支持实际在岗人员参加专业学历教育和职业水平考试,逐步推行社会工作专业岗位持证上岗制度。

创新继续教育形式，加强社会工作专业人才培训基地和实训基地建设。面向与社会管理和公共服务相关的机构，制度化开展社会工作理论和实务培训。

（三）创新社工人才使用机制

加大民政领域社会工作岗位开发力度，推进市、区民政社会福利、困难群众救助、儿童服务、慈善促进、社区服务、残障康复、殡葬服务、健康照护、老年人服务、婚姻家庭服务等相关公益事业单位，以社会工作岗位为主体广泛设置专业技术岗位。推动社区工作者和社会工作者融合发展，实施优秀社区社会工作专业人才培养“优才计划”，到2025年选拔培养不少于600名优秀社区社会工作专业人才。推动街道（乡镇）设立社会工作服务站，构建形成“社区（村）—街（镇）—区级”三级社会工作服务体系，统筹整合救助、心理、儿童等社会工作服务项目、资金、人才队伍、服务资源，力争在“十四五”时期实现街道、乡镇社工站全覆盖。建立“五社联动”机制，探索建立社区、社会工作者、社区志愿者、社区社会组织、社区公益慈善资源融合发展联动服务新模式。培育发展社会工作专业服务机构，在启动资金、办公场所、服务场所等方面给予支持，推进品牌化、连锁化发展。到2025年，全市专业社工服务机构达到1200家。

（四）优化社会工作发展环境

完善表彰奖励制度，建立健全以党委政府奖励为导向、用人单位和社会力量奖励为主体，符合社会工作人才特点、鼓励创新创业的表彰奖励措施。开展社会工作领军人物、“最美社工”评选等品牌活动，扩大社会工作影响力、普及度。完善购买社会工作服务制度，制定社会工作购买服务指导文件；拓展社会工作服务领域，制定社区社会工作服务内容指导目录。链接慈善公益资源，设立社会工作发展基金，支持社会工作发展。建立社会工作人才信息库，发挥社工人才服务管理信息化平台作用，推进社会工作服务对象与服务机构精准对接。进一步扩大合作交流范围，持续推进京津冀地区社会工作深度协同，更好辐射带动对口支援地区社会工作发展。

第二篇 分领域社会工作发展报告

北京市青少年事务社会工作发展报告

2012年起，北京团市委在青少年事务社会工作人才队伍建设方面主动作为，目前已形成由社区青年汇社工和督导、基层团建督导员、青年社会组织骨干三部分构成的青少年事务社会工作人才队伍。

一、社区青年汇社工和督导队伍

社区青年汇是北京团市委主要依托街道社区服务中心、社区居委会活动空间、公共文化活动设施和社区周边广场、学校等场地资源，通过政府投入和社会募集资金购买社会工作机构提供专业服务的方式，为青年提供交流交往、参与社区治理及公共事务的平台。

社区青年汇由“总干事＋专职社工＋志愿者”组成骨干工作团队，每个青年汇都配备专职社工，普通店配备1人，重点店和旗舰店配备3人，主要负责青年汇的日常运营、项目开展、青年联系服务等。阳光地带社区青年汇是依托社区青年汇建设，以“维护青少年合法权益、服务青少年健康成长、预防重点青少年违法犯罪”为目标，由团市委统筹管理、团区委主责实施、各级未保成员单位共同参与的共青团基层服务和青少年社会工作权益保护工作阵地，该青年汇社工专业性强，服务对象和服务内容更加精准、精细，主要为辖区青少年提供治疗性服务、发展性服务、预防性服务。另外，按照社区青年汇现有社工数量情况，以1:12为比例配备督导，督导从社区青年汇社工中优选,具体负责社工开展日常活动设计辅导、监测,日常事务协调管理、教育专业辅导负责行政管理与处理以及社工心理问题疏导与辅导等。

一是注重党性教育,加强思想建设。组织党员社工和督导定期召开党员会议,学习党的有关精神和文件,开展学习交流、党性教育活动等,及时传达上级党委有关要求,注重对党员督导的政治训练,加强其作风建设。

二是优化人员管理,明确岗位职责。近年来,先后制定完善社区青年汇社工和督导系列管理制度,严格选拔认证制度,对不同岗位、级别的社工和督导工作任务进行详细划分,明确社工和督导职责要求及工作内容。一方面从社工队伍中储备优秀人才作为督导队伍后备力量;另一方面对现职督导从工作年限、工作表现、持证情况等方面进行资格认定,达到以评促建的目的。

三是持续多样培训,提供有力支持。通过每年开展青少年社会工作人才专业培训,达到社会工作专业人才专业提升、行政管理、情感支持的目的。定期开展社会工作专业服务技巧等方面的课程,增强队伍专业性,并为青少年社会工作人才提供赴京外交流活动的机会,推动社工队伍内部的交流和发展。

二、基层团建督导员队伍

为解决全市基层团组织“缺编制、缺人员、缺经费、缺场地”问题,2018年起,北京团市委通过购买青少年社会工作服务的方式,使用市级财政资金,为全市各乡镇(街道)购买基层团建督导员服务,协助乡镇(街道)团(工)委负责同志落实共青团改革要求、掌握辖区常住青少年基本情况、督导推动基层团组织完成重点任务,进一步夯实基层团组织的基础工作,建设“团干部+社会工作者+志愿者”的基层团的工作队伍,扩大基层团的工作有效覆盖和对青少年的思想政治引领。

基层团建督导员作为青少年事务社会工作专业人才队伍的重要组成部分,北京团市委积极做好基层团建督导员的各项工作,建设“点”“线”“面”“体”的工作模式,从工作统筹、选拔培育、管理考核、队伍建设等多方面,加强青少年事务社会工作专业人才队伍建设，夯实团工作基础。

一是找准工作统筹“站位点”。基层团建督导员工作聚焦解决基层“四缺”问题，以政府购买青少年社工服务的方式，将人员、岗位、经费等要素捆绑成综合工作力量输送至基层，拧紧青少年事务社工与各级团组织工作的“螺丝扣”。基层团建督导员是构建“团干部＋社会工作者＋志愿者”基层团工作队伍的重要组成部分，旨在充分发挥社会工作专业优势协助团建工作，同时通过团建工作实践加强青少年事务社工队伍建设。

二是把握选拔培育“基准线”。严把团建督导员入口关，同时注重岗位培训，提升人员素质能力。2018 年 4 月，基层团建督导员报名 2578 人，笔试共 1828 人参加，最终录用人员 289 人，录取比例达 1∶6。6 月进行了第二批补录工作，全市 329 个街乡岗位全部满岗。5 月初和 10 月中旬分别举办基层团建督导员初任培训和专题培训，邀请团市委各部门、各团区委对共青团重点工作、区情和镇街情况进行岗前培训。6 月上岗之初，将考核指标体系和岗位职责以“口袋书”的形式发放到基层团建督导员手中。

三是筑牢管理考核“支撑面”。2018 年 5 月，团北京市委起草制定《北京市基层团建督导员管理考核实施办法（暂行）》和具体实施细则，明确团市委、团区委和社工机构各方职责分工，筑牢组织基础和工作基石。6 月，制定《基层团建督导员管理规定》（包括考勤制度、请休假制度和离职管理制度等），有力有效指导各团区委和社工机构科学合理对督导员进行管理。同时，畅通各环节沟通渠道，注重激发团区委、社工机构工作的主动性；建立片区例会制度、社工机构月度例会制度、基层团建督导员信息报送和活动报送制度，加强沟通、强化支撑。按照“以评促建”原则，12 月，采用“全部自查、部分抽查、核查全覆盖”方式，完成对全市 329 个街乡实地逐一对照核查工作。通过考评全面了解、客观掌握全市基层团建督导员和基层街乡团建工作情况。

四是打造队伍建设“综合体”。定期编印《工作简报》（内部），并通过优酷视频、“北京青年”订阅号、《北京青年研究》《北京青年报》《中国社会工作》等媒体对工作进行了专题报道。将团市委、团区委和第三方社工机构制定出台的管理制度与工作办法汇编成册——《北京市基层团建督导员文件制度汇编手册》,总结北京市基层团建督导员的阶段性工作,为后续工作提供参考借鉴;精选典型案例编印《北京基层团建督导员优秀案例集》,进一步增强队伍的工作成就感、职业幸福感。

三、青年社会组织骨干队伍

北京团市委在服务引导青年社会组织过程中,注重发现并培养青少年事务社会工作人才队伍。

一是开展调研发现人才。通过开展青年社会组织调研,掌握组织骨干情况,并注重发现其中具备青少年事务社会工作专业的人才。

二是搭建平台培养人才。通过青年社会组织骨干培训、“伙伴讲堂”青年社会组织沙龙、主题宣讲微团课、青少年事务社工人才培养项目等方式,组织青年社会组织骨干学习习近平总书记重要讲话精神、学习社工专业知识,进一步加强人才队伍的政治素养培养,实现赋能骨干人才。

三是广泛宣传推荐人才。推荐优秀青年社会组织骨干参加团中央培训或市级团干部培训等方式,加强骨干队伍中的青少年事务社会工作人才的联系服务和引导,搭建分享交流和学习提升的平台,并选树典型进行事迹宣传推广;推荐优秀骨干人才参与“两红两优”、全国和北京“青年五四奖章”、北京青年榜样等优秀评选。

四、加强青少年事务社工队伍建设

开展2020年青少年事务社工专业能力提升系列讲座,帮助社区青年汇社工、社工督导、团建督导员等青少年事务社工持续系统学习社会工作专业知识,进一步提高队伍专业化、职业化水平。培训项目共招募青少年事务社工822人,共开展集中授课27次,包括20次助理社工师培训及7次中级社工师培训。课程采取“钉钉线上直播+联播”的形式,服务学员共计8281人次。同时,项目组开发了“思维导图带你梳理学习重点”小组课程,针对不同学员开展“线下+线上”小组课程及辅导33次,设计并录制社会工作考试相关慕课6期，搭配助理社工师36节课后习题，帮助社工提高青少年社会工作的专业化、职业化水平。

五、发挥青少年事务社会工作人才作用，积极投身全市新冠肺炎疫情防控工作

一是积极宣传动员，主动参与防疫。组织青少年事务社工认真学习疫情防控工作相关精神，提高社工队伍疫情防控知识储备，并发布《你我携手　共抗疫情》倡议书，倡议青少年事务社工主动作为、发挥专业优势参与疫情防控工作，并针对青少年事务社工返京管理、出京审批、请假报告、重点防控、合理到岗、预防措施等内容进行明确规定，为参与疫情防控工作夯实基础。2020年上半年，青少年事务社工参与街道及社区防疫专班、入户走访、环境消毒、登记排查、电话联络等防疫工作，累计参与45781人次，累计服务时长超过30万小时。

二是开展线上活动，服务青年居民。为进一步发挥社区青年汇在疫情防控期间共青团门店作用，秉持专业精神、发挥专业所长、传递温暖力量，主动适应常态化疫情防控期间青年群体需求变化，北京青少年社会工作服务中心、北京青少年社会工作协会制定了《北京社区青年汇线上工作实务指引（初版）》，作为指导常态化疫情防控期间及今后一个阶段社区青年汇依托线上平台做好联系青年、服务青年、凝聚青年的专业实务指南，组织青少年社工积极开展多种形式及内容的线上活动，如居家运动打卡、防疫知识云科普、手工线上小课堂等，创新开拓了直播、打卡、授课、点赞等活动形式，为居家青年提供情绪支持，并联合志愿服务队为即将参加中高考的困境青少年开设网络平台线上答疑解惑，帮助孩子们“停课不停学”。2020年上半年共开展线上活动2776场次，参与居民达4万余人次。

三是开展心理疏导服务，倾听陪伴青年。社区青年汇社工充分发挥社会工作、心理学等专业优势，通过线上形式为青少年提供心理咨询、情绪引导等服务，开展“阳光树洞”线上心理支援活动，青少年可用匿名形式讲述心事、宅家吐槽、困扰及祝福，并开展“抗击疫情，希望同行”关心关爱精准帮扶

青少年特别行动活动和“抗击疫情,阳光暖心”服务热线活动,通过微信公众号发布亲子互动游戏、挑战 14 天打卡、“12355”在身边等倾听平台和活动,筑牢青少年“心理防护墙”,用倾听、陪伴、疏导等形式帮助青少年勇敢面对疫情重大考验。

四是开展帮扶指导,助农解决困难。组织青少年事务社工发挥资源链接作用,在沟通、调研的基础上,通过组织爱心助农等公益活动成功推动农产品销售。如以社区青年汇为桥梁,搭建新鲜蔬菜直通车,打通滞销农产品从田间地头到市民餐桌的“最后一公里”;以产销对接公益会形式,社区青年汇帮助大兴区庞各庄镇鲜花基地销售滞留鲜花;社区青年汇社工变身“推广大使”,在 3 天内落地“助农战疫 · 莓你不可”助农计划,将滞销草莓变成居民的抢手水果。

五是统筹协调推动,助力垃圾分类。在疫情防控常态化的大背景下,按照市委、市政府关于推进生活垃圾分类工作的部署精神,2020 年 5 月 1 日至今,依托全市 500 余家社区青年汇建立“分小萌”垃圾分类青年示范引导站 600 余个,开展活动 13523 场,志愿者参与 35453 人次,服务引导居民 314165 人次。

(共青团北京市委员会)

北京市老年社会工作发展报告

一、北京市老年人需求状况

（一）北京市人口老龄化程度不断加深

“十三五”时期北京市处于中度老龄化阶段，人口老龄化程度不断加深。2015—2019年，北京市60岁及以上常住人口总量从340.5万上升到371.3万，占常住总人口比例从15.7%上升到17.2%。户籍老年人口总量从313.3万上升到367.7万，占户籍总人口比例从23.4%上升到26.3%。从人口分布来看，全市老年人主要集中在城六区。2019年城六区常住人口和户籍人口中60岁及以上的占到全市的一半以上。全市高龄老年人数量也不断增加。2019年，北京市户籍人口平均期望寿命为82.31岁，户籍人口中80岁及以上的老年人口为63.1万，较2015年增长了7万[①]。

随着老龄人口的快速增长，北京市老年抚养系数也持续上升。按15—59岁劳动年龄户籍人口抚养60岁以上户籍人口计算，北京市老年抚养系数从2015年的35.7%上升到2019年的44.3%。这意味着北京市户籍人口中每2.3名劳动力抚养1名老年人[②]。

---

① 北京市卫生健康委网站．北京市老龄事业发展报告（2019）[EB/OL].2020:7－16.

② 北京市卫生健康委网站．北京市老龄事业发展报告（2019）[EB/OL].2020:15.

(二)居家和社区养老需求较为突出

受传统观念和生活习惯等因素影响,大部分老年人更倾向于选择居家和社区养老。2018 年,国家统计局北京调查总队发布的《北京市养老现状与需求调查报告》显示①,1000 名被访老年人中 65.1% 的选择“自我照顾或家人照顾”,18.8% 的选择“家人和社区照顾相结合”。而当前居家和社区养老服务无论是可提供的服务内容还是服务层次都无法满足老年人复杂多元的养老需求。

(三)特殊老年群体需求相对突出

随着社会经济发展,家庭规模趋向小型化,失能、失智及失独等特殊老年群体的养老问题更加凸显。

1. 失能老人

目前,失能老人需求主要集中在医疗康复、精神慰藉、家庭照护者支持等方面。相关调查显示②,大部分失能老年人是由家人提供照料,因经济负担压力大且受传统观念影响,他们不愿意选择机构照料;而社区提供的服务有限,明显缺少涵盖医疗康复、精神慰藉等多层次的专业照料服务。

2. 失智老人

失智老人由于疾病的特殊性,对专业照护的需求较高。目前部分养老机构设置了失智老人照护专区,可以提供专业照护。但生活在社区的失智老人较难得到专业服务,同时家庭照顾者在提供生活照料时也面对较大压力,缺少照护辅导、喘息服务等支持。

3. 失独老人

失独老人这一群体由于特殊的经历和处境,精神关怀需求显得尤为强

---

① 北京市统计局. 北京市养老现状与需求调查报告[EB/OL]. http://tjj.beijing.gov.cn/zxfbu/202002/t20200216_1633688.html.

② 郝晓宁,薄涛,刘建春,等. 北京市失能老人照料现状及需求影响因素研究[J]. 中国卫生经济,2015(8):59-62.

烈,远高于日常照料和物质支持需求①。同时,失独老人因丧失子女的伤痛对其心理情绪状态带来长期负面影响,需要专业的哀伤辅导服务处理。但目前社区缺少专业化程度高的服务提供。

二、相关政策法规

国家已对积极应对人口老龄化作出重大战略部署。近年来,国家到地方都颁布出台了系列推动老龄事业发展的政策法规。社会工作作为养老服务中的一支专业力量,多次在相关政策法规中被提及。

(一)国家政策法规

1. 养老服务领域社工人才培养

社会工作者作为专业技术人才,已被国家纳入养老服务人才队伍培养中。2013 年以来,国务院印发的《关于加快发展养老服务业的若干意见》《关于推进医疗卫生与养老服务相结合的指导意见》等国家级政策都相继提到,要加快培养社会工作方面专业人才。2019 年,民政部印发的《关于进一步扩大养老服务供给 促进养老服务消费的实施意见》中提出,要开展养老服务人才培训提升行动,明确提出要"确保在 2022 年底前培养培训 10 万名专兼职老年社会工作者"。这是第一次在国家级文件中明确老年社会工作者的培养目标。

2. 社会工作参与养老服务

随着养老服务的快速发展,老年人需求日趋多元,服务专业化发展需求更加凸显,社会工作的参与显得尤为重要。国务院办公厅《关于全面放开养老服务市场提升养老服务质量的若干意见》提出,要鼓励专业社会工作者加强对农村留守、困难、鳏寡、独居老年人的关爱保护和心理辅导、咨询等服务。2019 年,国务院办公厅印发的《关于推进养老服务发展的意见》专门提到,要把社会工作服务作为政府购买养老服务的重点;要打造"三社联动"机

① 李林英. 北京失独老人心理健康状况及对策研究[M]. 北京社会心态分析报告(2014—2015). 北京:社会科学文献出版社,2015:234.

制,以社区为平台、养老服务类社会组织为载体、社会工作者为支撑,大力支持志愿养老服务,积极探索互助养老服务。

(二)北京市政策法规

1. 促进社会工作融入养老服务发展

基于首都功能定位和人口老龄化发展趋势,北京市加大了政策法规支持力度,也关注到社会工作在养老服务中的作用。2015 年,北京市颁布了全国首部居家养老地方法规《北京市居家养老服务条例》,对居家养老基本服务内容作出指引性规定。在《关于开展社区养老服务驿站建设的意见》《关于加强老年人分类保障的指导意见》等文件中都提到,要求社会工作者在社区、养老机构等为老年人提供专业服务。

北京市还将社会工作者纳入养老服务队伍建设工作中。《北京市"十三五"时期老龄事业发展规划》中提到要建设一支养老服务人员、社会工作者、志愿者相结合的养老服务队伍。2020 年,北京市印发的《关于加快推进养老服务发展的实施方案》中又明确提出,2020—2022 年要每年培训 500 名老年社会工作者。2020 年底印发的《北京市养老服务人才培养培训实施办法》还将社会工作者按专业技术人员纳入了分层培训体系中。

2. 推进老年社会工作岗位设置

2016 年以来,北京市先后对养老机构、社区养老服务驿站等服务场所的社会工作岗位设置作出了要求。北京市民政局等五部门印发的《关于加强养老服务人才队伍建设的意见》明确提出,要鼓励各类养老机构、社区养老服务驿站科学设置专业技术岗位,重点培养和吸引医师、护师、社会工作师等相关领域专业技术人才。在《社区养老服务驿站设施设计和服务标准(试行)》中还明确要求社区养老服务驿站至少有 1 名社会工作人员(可兼职)。2017 年,北京市民政局印发的《关于加强养老机构服务质量整治工作的指导意见》则专门提出,养老机构要通过加强培训、引进专业人才等方式,配备数量合理、专兼职的社会工作者,为老年人提供专业化的社会工作服务。

三、北京市老年社会工作服务发展现状

北京市民政部门将建设首都特色养老服务模式列为民政事业“十三五”规划主要任务之首。“十三五”期间，北京市养老服务得到快速发展，服务能力不断提升，基本建立了涵盖居家、社区、机构的“三边四级”养老服务体系，老年社会工作服务也随之得到进一步发展。

（一）养老机构社会工作服务

养老机构是北京市较早推进老年社会工作服务的场所。“十三五”时期北京市将“提升机构养老服务能力”写入老龄事业发展规划，社会工作越来越得到各养老机构的重视，专业队伍不断壮大，服务专业化程度不断提高，服务广度和深度不断拓展。

1. 以标准规范促进专业服务发展

2014 年，北京市发布《养老机构社会工作服务规范》地方标准，这是全国第一部规范养老机构社会工作服务的标准。其中对养老机构中社会工作人员、服务场所与设施设备、服务类别与内容、服务流程、服务方法等提出了明确要求，规定养老机构中每 100 名老人应至少配备 1 名社会工作者。在这一标准的指导下，各养老机构更加明确社会工作者的工作职责和内容，大大推动了养老机构开展专业化服务。

同年，发布的北京市《养老服务机构服务质量星级划分与评定》要求，养老机构三星级以上的应配备至少 1 名专职社会工作者，五星级以上的应配备至少 2 名专职社会工作者。按此要求，2015 年以来，北京市三星级以上的养老机构都设置社会工作岗位，并通过社会招聘、内部转岗等形式安排专职社会工作者提供服务。如乐成养老旗下的所有机构 2015 年都已设置社会工作岗位，并通过引入专业人员和推动原岗位人员考证实现了旗下各机构社工部全员持证。专业人员配备到位加快促进了养老机构社会工作服务的专业化发展。

2. 探索特色服务拓展专业服务广度和深度

“十三五”期间，随着养老机构社工队伍不断壮大，服务广度和深度都得

以拓展。养老机构社会工作者不断进行服务创新,一方面持续丰富服务内容,从康乐小组、节日活动等一般性服务逐步拓展出涉及人生缅怀、新入住环境适应、人际关系促进、慢性病管理等方面专业活动;另一方面积极探索延展服务深度,开展了关注失智、失能、失独等特殊老年人个别化需求的专业个案和小组服务。

以北京市第一福利院为例,2016 年以来,社会工作者结合不同老年群体特点进行方法创新。该院依托作业疗法、缅怀疗法等为失智老人进行失智知识科普和认知功能训练;运用园艺疗法、音乐疗法等引导失独老人对生命的关注,走出丧亲伤痛;新冠肺炎疫情期间,社会工作者根据老人身体及情绪变化采用不同咨询方法,制作心理画册,开通心理服务热线,为老人解决实际问题。

(二)社区老年社会工作服务

一直以来,社区是老年人的主要活动场所。"十三五"期间,北京市通过推进"三边四级"养老服务体系建设,基本实现了城乡社区居家养老服务全覆盖,社区老年社会工作服务也不断发展进步。

1."三社联动"促进社区老年社工服务深入

2015 年以来,北京市、区民政局通过政府购买服务支持社会工作服务机构,以社区为平台广泛开展"三社联动"服务项目。其中老年人是主要关注的服务群体。

一方面,社工机构结合社区治理发展需要,通过培育以低龄老年人为主体的社区社会组织,促进老年人参与社会。如亲民社会工作事务所在大兴区某街道通过小组增权取向的能力提升活动,培育出"互助慰问"爱老小组、环境保护小组、爱心公益坊等老年志愿服务组织,带动老年人参与志愿服务,增强自我价值感,实现老有所为。

另一方面,社工机构依托"三社联动"深入社区为低保低收入、失能、失智、失独、高龄等困难老年人提供专业服务。尤其是 2017 年北京市民政局围绕"三社联动"推动精准救助,促使社工机构改变过往较多单一采用小组、社区方法的情况,开始综合运用个案、小组、社区方法,兼顾老年人普遍化和个别化需求。特别是面对特殊困难老年人，积极运用个案工作方法，协助他们处理负面情绪，改善家庭关系，还通过链接整合资源，协助解决生活照顾、经济困境、就医等实际问题。

2. 以社区养老服务驿站为平台的综合服务

社区养老服务驿站是北京市社区养老服务供给的主要平台，为老年人提供包含日间照料、呼叫服务、助餐、健康指导、文化娱乐、心理慰藉等内容的综合服务。基于社区养老服务驿站的功能定位，社会工作者除了参与老年人需求评估、服务统筹、资源链接、文化娱乐活动组织等工作外，还承担部分运营工作。但目前较少提供个案辅导、专业小组等专业性较强的服务。

按照相关要求，北京市大部分社区养老服务驿站都设有全职或兼职的社会工作者。很多运营商也逐渐意识到社会工作者在社区服务中有着不可替代的专业优势，越来越愿意聘用具有社会工作专业教育背景或专业资质的人员，也鼓励工作人员学习社工知识和参加社会工作者职业水平考试。

四、典型服务案例

（一）北京市第一福利院——养老机构社会工作的领头雁

北京市第一福利院（以下简称一福院）是全市较早开展专业社会工作服务的机构。自2003年起招收社会工作专业的应届毕业生，2011年正式设立社会工作科，全面负责本院社工服务的具体开展。“十三五”以来，一福院在社工队伍发展和专业服务打造等方面都取得了很好的成绩。社会工作科全员10人均持证在岗，且为社会工作专业本科以上学历。每年开展20多类主题小组活动，年均开展活动150次，参与上千人次，覆盖率90%以上，服务满意率达95%以上。

1. 以保障促社工队伍发展

一福院建立了完善的高技能人才培养、评价、选拔、使用和激励制度，将社工人员列入专业服务人才库，实行专业人员聘任制，薪酬待遇根据职称变动逐年提升，优先提供外出学习培训的机会。职务晋升、评选荣誉等对社工专业人才予以加分。

在强有力的保障下,一福院社工队伍在北京市乃至全国排在了前列。岗位设置方面,一福院社工岗位高级(副高)4个,中级7个,初级7个。全院社会工作者职业水平证书持证人员为24人,占机构人员总数的10%,其中高级社工师2人、中级社工师12人、初级社工师10人。

2. 打造"4321"社工服务体系

一福院结合实际打造了"4321"社工服务体系,即根据一福院服务人群和社工专业的特点,重点拓展颐养服务、安宁服务、计生特殊家庭服务、失智服务4个领域服务;发展社工专业队伍(含社工行政、社工实务)、院外义工志愿者队伍、院内老年人志愿服务队伍3支队伍;建设社工大师工作室和社工标准化2个平台;综合以上,合力推进、打造一福院社工的1个品牌,在社工人才培养、理念提升、文化推广等方面不断提升影响力。

(二)北京光大汇晨——民营养老企业的社工发展

北京光大汇晨养老服务有限公司(以下简称光大汇晨)于2010年在昌平北七家项目(即北京汇晨老年公寓)率先设立社工部,旗下其他养老机构也设置社工岗位,但大都是非社工专业背景人员,服务专业化程度较低。2017年起,光大汇晨在总部设立社工部统筹各项目社工团队管理和服务督导工作。随后,通过与北京睦友社会工作发展中心合作,建立起内部社工服务管理体系架构,完成社工标准化体系建设和体系宣贯工作,推动社工服务朝向专业化发展。

1. 重视社工人才培养

目前,光大汇晨旗下各项目都独立设置社工部,并按平均120—150位老人2个正式社工岗的标准配置人员。仅北京旗下7家养老机构有全职社工18名,其中持证8人。此外,社工专业背景的人员也逐渐突破专业工作范围,参与养老机构的运营和管理工作,有1人成长为独立负责养老机构经营的院长,3人成长为副院长和院长助理。光大汇晨还通过每年组织各项目社工部及相关各级员工进行专业培训和督导,推动社工队伍的专业化发展,提升各级员工对社会工作服务的认识。

2. 推进服务专业化发展

随着服务规范的建立,光大汇晨从老年人需求出发,不断优化服务,在服务丰富性和专业深度上都有了较大提升。在之前的兴趣小组、健体和社交活动的基础上，探索开展了音乐、戏剧、绘画等为主题的艺术治疗类活动，还开展了危机干预、家庭支持服务、死亡教育和安宁服务等专业性更强的服务。随着社工服务不断深入发展，社工部得到了老年人的一致认可，老人对社工服务的满意度较高，每年均维持在85%以上。

（三）丰台区蓟翔社会工作事务所——多专业参与的社区老年服务

丰台区蓟翔社会工作事务所（以下简称蓟翔）是2010年丰台区最早成立的社会工作服务机构，主要依托机构自身的医疗、护理、康复等资源，为社区老年人开展专业服务。

2016年以来，随着社区养老的深入推进，蓟翔优化整合内部资源，向多专业参与的社区介入服务转变，探索更有效回应老年人居家和社区养老需求的"互联互助式居家养老服务模式"。由专业社工牵头整合医疗、护理、康复、心理等专业人员，通过跨专业合作，多方联动，积极整合各类资源，回应社区高龄老人居家助老方面的需求。

社会工作者通过"三社联动"，链接服务供应商在社区搭建健康服务平台，借助线上互联网＋无创可穿戴设备采集社区老年人健康数据。由医疗、护理、社工等多专业人员组成的团队联合为老年人提供上门智能助医、上门体检、慢性病管理等综合服务，并对不同风险因素的老人进行分类管理和定期指导。

社会工作者还依托"志愿北京"服务平台和"小星星长成记"社区志愿者培育发展机制，培育以低龄老人为主的社区组织。通过培训和激励措施，吸引社区低龄活力老人加入"晚霞伴夕阳、星星共成长"邻里互助志愿服务队。按就近原则，将志愿者与有需求的高龄老人结对子，提供心理慰藉、安全隐患排查等服务，既解决高龄老人居家养老问题，也让低龄活力老人在服务中体现自身价值。

（四）北京睦友社会工作发展中心——认知障碍症专业服务探索

北京睦友社会工作发展中心（以下简称睦友）于2015年成为首批首都

痴呆社区筛查和居家干预辅导技术推广试点基地，在北京大学第六医院（以下简称北大六院）的技术支持下，搭建跨专业服务平台，在社区、养老机构及医院持续开展“忆耆爱”认知障碍症专业服务，每年为上百名失智老人及家庭照顾者提供支持。

1. 科学筛查促进老年人积极预防与主动治疗

2016 年以来，睦友每年组织开展认知障碍症科普服务进社区、进机构，促进老年人科学认识认知障碍症、重视疾病预防及治疗，并提供初筛服务促进高风险老年人及时主动就医，推动早预防、早治疗。

2. 专业小组回应轻度认知损害及失智老人需要

近几年，睦友与北大六院、海淀区社区卫生服务中心合作，通过对高风险老年人进行认知评估，识别出轻度认知损害老年人，由社会工作者提供认知训练小组服务，促进其掌握风险识别与管理知识，提升认知康复与疾病预防方法。同时，社会工作者与医生、康复师组成多专业团队，通过小组活动为轻度失智老人提供认知康复与生活辅导，帮助其维持现有功能及延缓疾病发展进程。

3. 赋能服务协助家庭照护者减压增能

睦友借助团体辅导与个别咨询，先后为 100 多名照护负担大、社会支持薄弱的家庭照护者提供支持服务，促进照护者对自我需求的了解和关注，掌握高质量照护及压力管理知识，帮助他们提升个人自我效能感、提高照护质量。

4. 倡导服务推动构建友好环境

睦友通过与中国老年保健协会阿尔茨海默病分会（ADC）合作，联合北大六院、北大医院、中国人口福利基金会等连续两年联合开展“记忆行”大型倡导健步行活动，增进社会大众对认知障碍症的了解，促进社会对失智老人群体的关注，构建充满包容和关怀的友好环境。

五、专业反思与建议

（一）加强社会工作在北京市养老服务体系建设中的作用发挥

促进服务质量提升是养老服务体系建设的重要内容之一。社会工作有专业理论和方法作为实践指导，能更科学地提供多层次服务，更有效地回应老年人日趋多元的需求。而目前社会工作在养老服务中的作用发挥尚不充分，仍有较大的改善和提升空间。

“十四五”期间是北京市养老服务体系建设的关键期。北京“十四五”纲要专门提到，要提升养老服务品质，建设老年友好型社会。北京市应将老年社会工作发展全面纳入养老服务体系建设整体工作中。一是要加大政策扶持，出台相应激励政策，在养老服务队伍中积极引入社会工作人才，充实专业力量。二是提供平台和机会，让社会工作机构能以更积极的身份参与到养老服务体系建设工作中，如通过政府支持参与社区养老服务驿站等平台运营管理，充分发挥社会工作在需求评估、资源整合、精准服务等方面的专业优势，促进养老服务实现高质量发展。

（二）推进北京市老年社会工作服务标准化建设

当前，北京市老年社会工作服务标准化建设情况与全市养老服务体系建设发展速度存在一定差距。一方面，2016 年民政部已发布《老年社会工作服务指南》行业标准，北京市可结合全市养老服务体系建设和社会工作发展实际制定相应的地方标准，为社会工作者开展老年服务提供规范指导，引导全市老年社会工作服务朝向高质量发展；另一方面，居家养老是大多数老年人的养老方式，也是养老服务发展的重点，但目前尚未有相关专业规范。北京市应尽快制定社会工作服务相关地方标准，配合就近养老服务体系建设，推动社区老年社会工作服务的快速发展，让社工成为养老服务“最后一公里”的中坚力量。

(三)促进社会工作与其他专业的老年服务团队合作

由于老年人的需求是多元复杂的,较难通过单一的专业人员有效回应,需要不同专业背景的人员参与。因此,社会工作者从事老年服务必须加强与其他专业团队的合作。目前,虽然在养老机构等已部分实现社会工作参与的多专业团队合作,但大都处于浅层次合作阶段,社会工作专业作用发挥有限。

促进社会工作与其他专业团队的合作,不仅有利于推动社会工作深度融入养老服务中,更有助于养老服务整体质量提升。为此,要进一步推动社会工作与其他专业的合作。一是建立养老服务中多专业团队合作指引文件,厘清社会工作在不同类型的养老服务和各服务环节中的专业角色和作用。二是加强对养老服务人员的社会工作普及性培训,提高其对社会工作的理解和认识,为多专业合作打下基础。三是提高社会工作者与其他专业人员沟通的主动性,增进彼此了解,促成专业间的合作。

(四)进一步加强老年社会工作人才队伍建设

北京市老年社会工作人才队伍的发展现状与全市养老服务高质量发展需要存在一定差距。要结合《北京市养老服务人才培养培训实施办法》等相关政策文件,制订老年服务领域社会工作人才培养的细化方案,搭建与北京市养老服务发展相匹配的老年服务领域社会工作人才分级分层培训体系。一是综合考虑养老机构、社区居家等不同场域的服务特点和不同老年群体的需求特点等,合理设置培训课程,促进老年服务领域社会工作人才精专发展。二是培养掌握社会工作专业技能和养老护理或经营管理等技能的复合型专业人才,提升社会工作者的综合能力。

(李璐龄)

北京市妇女社会工作发展报告

北京市妇联积极发挥“枢纽型”组织作用,坚持以习近平新时代中国特色社会主义思想为指导,认真贯彻落实中央及市委各项重要指示精神,在新冠肺炎疫情防控常态化和经济社会恢复发展统筹推进的大环境下,增强“四个意识”、坚定“四个自信”、做到“两个维护”,创新方式方法、强化党建引领,团结动员广大妇女儿童领域社会组织,围绕中心,服务大局,积极探索社会组织专业化道路,引领社会力量参与基层社会治理。

一、2020 年社会工作发展现状

(一)强化政治引领,夯实社会组织党建

着力推进妇女儿童领域社会组织党建工作,发挥好战斗堡垒作用。协调推进主管社会组织的北京妇女儿童社会服务发展促进会成立党支部。指导社会组织联合党支部完成支部成员调整,吸纳新成立社会组织党员和年轻党员成为支委候选人,增强联合党支部活力和凝聚力。规范社会组织党建指导员工作要求,将党建指导员作为开展社会组织党建工作的重要抓手,纳入市妇联社会组织联合党支部工作体系,促进社会组织党建工作蓬勃开展。将社会组织党建纳入市妇联党建工作统筹部署谋划,统一考核管理,吸纳社会组织党员共同参与“十九届四中全会精神理论研修线上培训示范班”学习,机关支部多次与社会组织开展联合支部活动,以党建为引领切实发挥妇联组织枢纽作用,引导社会组织听党话、跟党走。

(二)引导支持社会组织抗击疫情、复工复产

新冠肺炎疫情期间,引领社会组织抗击疫情。疫情期间,北京市妇联围绕中心,服务大局,向社会组织发出抗击疫情的倡议书。倡导社会组织积极发挥基层党组织、党建指导员作用,组织号召妇女儿童领域社会组织发挥自身专长,积极参与抗击疫情各项工作。通过创作抗疫主题文艺作品、组织网络相亲活动、开展网络亲子阅读服务、家庭关系调解、公益讲堂等多种形式的线上服务 3000 余场,丰富居家生活,稳固防疫“后方”;“教你宅出花样来”巧娘手工课微视频活动、“空中鹊桥会”网络相亲活动、“听石头哥哥讲成语故事”等抗疫品牌活动获得广泛好评。

后疫情时期,支持社会组织生存发展。召开妇女儿童领域社会组织复工复产座谈会,了解社会组织困难需求,及时传递党和政府政策。做好“联”文章,广泛链接企业和基金会资源,指导社会组织参与“贝壳”公益等项目,撬动社会资金 30 余万元,培育社会组织可持续发展。

(三)聚合专业社工力量,引领社会组织参与基层社会治理

设计实施市妇联垃圾分类“益家行”示范社区项目,引导社会组织以“垃圾分类”工作为切入点,在服务中切实提升参与社区治理的能力。该项目与国内知名学府北京大学社会学系社会工作专业教授、博士生导师马凤芝合作,博士生、硕士生全程参与,聘请专业社工机构进行项目监测,从需求调研、方案设计、执行督导、总结提升等全过程、各环节对社会组织提供支持与指导。通过培育巾帼志愿队伍、综合运用专业社会工作方法、整合社区资源、开展专项行动,形成社区多元参与、良性互动的治理模式。项目成效显著,四个试点社区垃圾分类参与率均达到 99% 以上,正确投放率显著提升。以房山区为例,在无人值守情况下垃圾分类正确投放率从项目开始前的 50% 提升到 85% 。通过项目开展,切实提升居民垃圾分类意识,普及垃圾分类知识,社会组织力量得以发挥,社会组织调动社区资源、整合多元力量开展社区治理水平得到明显提升。

（四）强化政策支持，为社会组织开展工作打好基础

为深入贯彻党中央和北京市委关于加强和改进党的群团工作的决策部署，全面落实党的十九大和十九届四中、五中全会等重要会议精神，北京市妇联修订《市妇联社会组织管理办法》，撰写出台《北京市妇联联系服务社会组织工作指导意见》，强化妇联组织的桥梁纽带作用，切实加强对妇女儿童领域社会组织的联系与服务，以党建为引领，培育妇女儿童领域社会组织健康发展。加强对社会组织的管理、联系与服务。

（五）稳中求进，加强社会工作服务人才建设

社会工作服务人才建设方面，市妇联建立基层社会工作服务站点 8448 个，与市委社会工委等单位联合出台《关于推进北京妇女儿童家庭志愿服务工作的意见》，从工作目标和原则、重点领域和主要内容、服务队伍建设、运行机制、组织领导等方面规范巾帼志愿服务工作的发展。北京市妇联与北京市志愿者服务指导中心密切合作，资源共享，目前在志愿北京平台注册的巾帼志愿者已达 45.7 万余人，巾帼志愿服务队伍 1.2 万余支，巾帼志愿家庭 2.8 万个。积极对接志愿北京平台，凡是在平台注册的巾帼志愿者或者巾帼志愿项目，都可以在开展志愿服务时享受意外保险等保障和记录时长等激励。

二、2021 年专业社会工作计划

（一）办好社区女书记培训班，加强基层专业社工队伍建设

2021 年，北京市妇联将与妇女干部学校合作，在全市范围内举办社区女书记培训班。在女书记培训班中除了解读最新的《北京市志愿服务管理条例》等政策性文件，还将 2020 年市妇联“垃圾分类益家行”项目成果进行分享，并将其中蕴含的专业社会工作方法以案例教学的方式呈现。结合社区自组织培育、基层社会治理中居民的不同参与形式、志愿组织的作用发挥以及居民对话与社区议事协商等话题进行交流互动。

(二)与北京大学开展更深入的产学研合作

北京市妇联与北京大学社会学系合作,签订人才联合培养协议,北京市妇联为北大社会学系提供群团组织、社会治理项目、社区、社会组织等实习机会。与北京大学开展更深入的产学研合作,包括但不限于为社会工作研究生实习提供机会,开展课程共建,共同指导学生学习、论文写作等深化合作,共促行业发展。从而发挥行业优势与高等学校双方优势强化职业素养和实践能力培养,促进专业社会工作教育发展。

(三)发掘基层社会治理的先进典型,推动专业社会工作的发展

北京市妇联将通过选树基层社会治理的先进典型,增强基层的获得感、荣誉感,同时在全市范围内开展的主题宣讲、经验交流、案例分享等活动中推广已选树出来的典型。市妇联以此方式与基层开展深入合作,不断发掘基层社会治理的先进典型,并将基层社会治理中的先进经验和好的做法在全市推广。用选树典型来推动全市专业社会工作的发展,为全市专业社会工作发展添砖加瓦。

(北京市妇女联合会)

北京市学校社会工作发展报告

一、服务对象问题与需求分析

（一）学校社会工作的服务对象及服务内容

学校社会工作是专业社会工作者遵循社会工作的价值理念，运用社会工作的专业知识和方法，为学校全体学生，特别是处于困难境地的学生提供获得适应当下生活与未来生活能力的专业性服务活动。服务对象包括学生、家长、教职工以及社区相关人员。服务内容主要包括三个部分：一是为全体学生提供发展性、教育性或预防性服务；二是为处境困难的学生提供补救性、改善性服务；三是维护学生权益的服务。

（二）服务对象问题与需求分析

青少年学生面临的主要问题有：网络/手机成瘾问题、校园欺凌问题、心理健康问题、身体健康问题、偏差和不良行为问题、学习适应问题、学习障碍问题、亲子关系问题、师生关系问题、同辈关系问题、自我认知认同问题、权益维护问题、社会参与和社会融入问题等。为解决或应对这些问题，学生有以下需求：一是环境适应和学习适应、情绪和压力管理、提升自我认知与人际交往能力等一般性需求；二是“流动”家庭学生、残疾学生、工读学校学生等特殊学生群体的权益保护、社会救助、教育帮扶、健康促进等特殊性需求；三是偏差行为预防、安全自护能力提升等预防性需求；四是自我成长、生涯规划、潜能激发与自我个性发展等发展性需求。马海燕、张书颖在《关于北京市中学校园引进“驻校社工服务机制”的必要性与可行性分析》一文中提出中学阶段的青少年在情绪管理、人际交往、学业发展与生涯规划方面急需学校社会工作者的介入①。在实务过程中,社会工作者应运用专业方法,对具体服务学校的学生、教师和家长,以及社区人员的问题和需求进行专门评估,以更清楚具体地了解需求,便于精准地开展社会工作专业服务。

二、相关政府部门政策法规

(一)国家层面学校社会工作相关政策法规情况

2017 年 4 月,中共中央、国务院印发的《中长期青年发展规划(2016—2025 年)》明确提出,到 2020 年建成 20 万名,到 2025 年建成 30 万名青少年事务社会工作专业人才队伍的总体目标。指出要充分发挥青少年事务社会工作专业人才和社会工作服务机构作用,对重点青少年群体提供困难帮扶、法制教育、法律援助、心理疏导、行为矫治等专业服务②。2019 年 6 月,由民政部、共青团中央共同制定的《青少年社会工作服务指南》③发布,这是社会工作领域的第一个国家级标准,也是我国青少年社会工作领域的首个标准。学校社会工作的服务对象主要为在校青少年,通过运用社会工作专业知识和方法,为学校全体学生,特别是处境困难的学生提供获得适应今日与未来生活能力的专业性服务活动④,是青少年社会工作的重要领域。

近年来,我国对于未成年人保护和预防犯罪方面出台了许多相关政策。2020 年 10 月 17 日,第十三届全国人民代表大会常务委员会第二十二次会议第二次修订的《中华人民共和国未成年人保护法》指出:“学校应当全面贯彻国家教育方针,坚持立德树人,实施素质教育,提高教育质量,注重培养未

① 马海燕,张书颖. 关于北京市中学校园引进“驻校社工服务机制”的必要性与可行性分析[J]. 北京政法职业学院学报,2012(3):90-92.

② 中共中央国务院印发《中长期青年发展规划(2016—2025 年)》[N]. 人民日报,2017-04-14(001).

③ 青少年社会工作服务指南[S]. 北京:中国标准出版社,2019.

④ 许莉娅. 学校社会工作[M]. 北京:高等教育出版社,2009.

成年学生认知能力、合作能力、创新能力和实践能力，促进未成年学生全面发展。同时，学校应当根据未成年学生身心发展特点，进行社会生活指导、心理健康辅导、青春期教育和生命教育。”2020 年 12 月 26 日修订通过的《中华人民共和国预防未成年人犯罪法》指出：“教育行政部门鼓励和支持学校聘请社会工作者长期或者定期进驻学校，协助开展道德教育、法治教育、生命教育和心理健康教育，参与预防和处理学生欺凌等行为。”教育部官方网站公布的《中小学教育惩戒规则（试行）》提到：“学校可以根据实际和需要，建立学生教育保护辅导工作机制，由学校分管负责人、德育工作机构负责人、教师以及法治副校长（辅导员）、法律以及心理、社会工作等方面的专业人员组成辅导小组，对有需要的学生进行专门的心理辅导、行为矫治。”以上这些政策法规，让学校社会工作的发展真正有法可依、有据可循①。

（二）北京市学校社会工作相关政策法规情况

2017 年 11 月，北京市民政局、北京市教委等部门联合发布的《关于加强社会工作专业岗位开发设置与人才激励保障的实施意见》指出：“在具有公益服务、社会福利职能的事业单位、群团组织、社会组织和企业及城乡社区中，要明确社会工作专业岗位，配备社会工作专业人才。医院、学校、殡仪服务机构、人口计生服务机构等应开展社会工作服务的单位，要将社会工作专业岗位纳入专业技术岗位管理范围。”为学校社会工作岗位设立、专业人才配备和激励保障等提供了政策依据。

此外，北京市在早期就建立健全办理未成年人刑事案件的专门机构，加强办理未成年人刑事案件专门机构和专门队伍建设，2021 年 1 月 1 日，北京市公安局出台相关工作意见，以新修订的未成年人保护法、预防未成年人犯罪法、刑法修正案（十一）为基本遵循，从加强涉罪未成年人案件侦办能力、规范案件办理程序、健全完善保障机制、加强社会部门协同等 5 个方面提出了 20 条具体意见，率先建立涉罪未成年人案件办理工作体系，深入开展“守护未来”专项行动，全面提升涉罪未成年人案件办理质效②。同时，北京市公

① 张世华. 预防未成年人犯罪法已经到来[EB/OL]. 中国社会工作，2021－01－18.

② 北京市公安局全面提升涉罪未成年人案件办理质效[EB/OL]. 青瞳视角，2021－01－03.

安局会同北京团市委、北京地区的社工,三方联动,依托执法办案管理中心,设置未成年人专门办案用房,对违法未成年人进行帮教和心理疏导。同时针对未成年受害人“一站式”办案取证和救助服务①。席小华和徐永祥带领自己的团队与北京市相关司法机构合作开展涉罪未成年人社会调查工作,提出未成年人的社会调查需要与帮教工作融为一体,既帮助司法机关针对未成年人的情况进行了全面的调查,同时对未成年人的健康成长起到了重要的推动作用②。

三、北京市学校社会工作专业服务整体发展状况

根据所能查阅到的资料显示,2011 年以来,北京市学校社会工作专业服务的发展主要有以下几个方面。

(一)打工子弟学校社会工作

中国青年政治学院等多家在京高校社工系自 20 世纪 90 年代就开始在打工子弟学校进行社会工作专业服务,一直持续到打工子弟学校陆续关闭。2007 年,在南都公益基金会支持下,“新公民计划”率先在北京大兴行知新公民学校引入西方国家及我国香港行之有效的驻校社工制度,实行“一校一社工”,后扩展到朝阳区 4 所打工子弟学校。经过近几年的发展,新公民社工服务逐步形成了以小组活动为主要形式、以能力建设为核心目标、以资源动员为重要措施的特点,并始终坚持“服务学生,配合德育,促进教学”的定位,在服务中贯彻“尊重、接纳、平等、赋权”的理念。2012 年 9 月,新公民计划启动新一学年度的“流动儿童全面发展项目”。整个项目旨在为流动儿童群体赋权,把改善流动儿童的学习和成长环境作为聚焦点,包括改善流动儿童的学校教育环境、朋辈环境、社区环境,提高流动儿童的资源获取能力③。

---

① 刘雨涵. 预防未成年犯罪,北京警方开启“一站式”流程[EB/OL]. 光明网,2021-03-02.

② 席小华,徐永祥. 涉罪未成年人社会调查的理论框架及具体内容[J]. 华东理工大学学报(社会科学版),2015,30(3):18-28。

③ 新公民社工项目介绍,http://gongyi.sina.com.cn/2012-11-13/164938876.html.

（二）北京高校学校社会工作服务

2011年，王杨、陈树文在《试论学校社会工作在高校学生工作中的介入》一文中，将高校社工系师生面向学生开展的大量活动归类为“高校的学校社会工作”，列举了中国青年政治学院社会工作与管理系启动的“心灵相约工作室”，北京大学社会工作系面向全校本科生开办的“信仰苑”入党积极分子成长小组，首都经贸大学社会工作专业师生开展的“社工在行动”服务活动等例子。中国青年政治学院社会工作系依托专业教师和学生力量，在高校学生工作中，开展“与新同行”新生入学适应服务、“安全网”学生心理健康服务、“就业导师”就业服务等社会工作专业服务，探索了专业社工从事高校学生辅导员工作的高校学校社会工作服务模式，取得显著的成效。

（三）西城区红莲小学学校社会工作服务项目

北京市西城区仁助社会工作事务所从2010年10月开始在红莲小学开展学校社会工作项目，简称红莲项目。项目由西城区委社会工委指导，西城区教委和西城区委社会工委以政府购买服务的形式支持，采用“驻校社会工作”的模式，运用社会工作专业的方法和理念，将校内服务与校外服务结合，通过加强外来务工子女的家庭、学校及社区之间的联系，建立起一套由社工介入，家长、教师、专家、义工等共同参与的外来务工子女学校社会工作服务模式。红莲项目中学校社会工作的主要功能定位为：协助学生与“家庭－学校－社区”之间建立良好的关系，以解决困扰学生的问题或调适其偏差行为，也是协助学生准备面对现在及未来的生活。红莲工作模式经过近3年的尝试，逐步发展成治疗性、适应性、发展性和协调性四性一体的红莲模式①。

（四）海淀寄读学校驻校社会工作服务

2014年，在北京市教委和海淀区教委的支持下，海淀寄读学校以政府购买社会工作服务的方式与北京超越青少年社工事务所建立了合作关系，自

① 赵静，安娜，郭雪莉．北京市西城区红莲小学社会工作模式探索[J]．科技视界，2013(13)．

此,驻专门学校社工站正式成立,驻校社工服务正式开始。项目运作通过驻校方式开展,每天8:00—20:00有2名专职社工在学校针对学生、家庭和教师开展服务,为了保障服务质量,还有数名社会工作专业的实习生同时在学校配合开展服务。在近6年的实践中,驻校社工服务项目形成了“1—2—5”服务模式,开展亲职能力建设活动(含家长访谈、亲子活动)1210余次,系列小组活动500余个,学生访谈(含个案、社会系统评估)700余名。

(五)朝阳区高关怀学生学校社会工作专业服务实践

2017年10月以来,受朝阳区教委委托,北京同理社会工作服务中心在中国社会工作教育协会与青少年社工专委会的支持下,连续2年在北京市朝阳区工读学校、东方德才学校、人大附中朝阳学校等10多所学校开展了助力高关怀学生学校社会工作服务项目,该项目针对有心理和行为及家庭关系等问题的“高关怀学生”,运用社会工作专业的理论和方法,通过开展“2+1成长陪伴、主题班会、小组活动、亲子营会、个别辅导、家庭探访、服务学习”等线下和线上形式相结合的服务内容,协助支持学校评估学生问题和需求,发掘学生优势和潜能,搭建学生心理健康安全网,提升抗逆力,帮助学生应对当前的问题和困境,促进其健康成长。

此外,2019年11月27日—29日,由北京市委社会工委市民政局、市教委主办,中国社会工作学会承办,中国社会工作教育协会协办的“2019年北京市教育领域学校社会工作人才高级研修班”顺利开班。120余名北京市各区教委分管德育工作的领导、中小学校校长和德育主任等参加了为期3天的学习培训。本次培训一是提升了教育系统干部和老师对学校社会工作的认识,了解国内学校社会工作发展状况以及各地经验、特色。二是明确了学校社会工作方向,学校德育老师认识到学校社会工作的重要性。在教学过程中,不仅要关心学生的学习状况,还要重视学生内心情感方面以及社会方面的发展,以“优势视角”为核心理念,挖掘学生优点,激发学生潜能。三是推动了行业发展,通过此次培训倡导,学员反响热烈,各区教委老师和学校德育主管领导纷纷表示希望社工入驻学校,为学生提供专业的社工服务,在一定程度上推动了学校社会工作的社会认同度以及学校社会工作的发展。

四、学校社会工作服务项目案例——助力高关怀学生学校社会工作服务项目

（一）项目概述

2017—2018 年，北京同理社会工作服务中心在中国社会工作教育协会与青少年社工专委会专家团队支持下，连续两年在北京市朝阳区工读学校等十多所学校开展了助力高关怀学生学校社会工作服务项目，该项目针对有心理和行为及家庭关系等问题的“高关怀学生”，运用社会工作专业的理论和方法，通过开展“2 +1 成长陪伴、主题班会、小组活动、亲子营会、个别辅导、家庭探访、服务学习”等线下和线上形式相结合的服务内容，协助支持学校评估学生问题和需求，发掘学生优势和潜能，搭建学生心理健康安全网，提升抗逆力，帮助学生应对当前的问题和困境，促进其健康成长。

（二）项目实施内容

1. 驻校社工服务

驻校社工除对办公室的基础陈设、墙体布置做了一定装饰设计之外，在学校师生、志愿者的联络沟通、陪伴对象的个案谈心、项目日常行政事务处理等方面开展工作。驻校社工很好地嵌入学校教育系统，积极了解校方需要，尽可能给学校提供支持，达到 1 +1 >2 的效果；与学生建立专业信任关系，驻校社工室变成了有温度的社工小屋，有些陌生的“老师”变成了能信任的社工姐姐，有力的支持、陪伴，促进了学生的正向成长。

2. “2 +1”成长陪伴服务

“2 +1”成长陪伴服务主要以个案陪伴服务为主，采用线下为主、线上为辅的形式，注重个案问题评估和需求调查，关注服务对象个人心理情绪及家庭关系。项目招募的志愿者多为社会工作专业的研究生或本科生，以专业陪伴者的角色了解服务对象需要、鼓励其面对生活学习中遇到的问题。

3. 青少年/亲子关系主题营会服务

青少年/亲子关系主题营会服务邀请家长和孩子一起参与户外的营会

活动,以提升家庭内动力为核心,从生态系统理论、优势增能视角出发,综合运用社会工作传统方法、历奇为本辅导方法、萨提亚积极心理学方法等专业手法,为每个参与家庭提供了及时有效的陪伴支持和个别辅导。提升了孩子们解决学习生活问题的抗逆力,增强了家庭共同面对、解决困境的能力。

4. 家庭探访服务

为进一步深化学校、社工、家庭之间的联系与互动,促进社工、志愿者和服务对象及其家庭间的连接,组织社工、志愿者对初中学生的家庭进行家访。通过对言语、表情的观察可以发现,家长对项目很支持,也很认可,对服务的接纳度日益提升。

5. 职业生涯规划小组服务

为缓解即将离校学生的生涯困惑和升学、就业压力,针对学校初二的服务对象开展“职业生涯规划”小组服务。通过使用“人生之轮”“人生之盾”等工具和“镜中我”的方法帮助服务对象了解自己的气质类型、性格特点、能力和行为风格;通过 SWOT 分析法帮助服务对象了解自己的职业倾向并进行自我探索,使服务对象对自己和未来有更深刻的认识。

6. 自我成长主题小组服务

为促进刚入校新生更好适应新的环境,增强其对自我和同伴的认知,促进服务对象与志愿者更好地融合,为初一年级设计了自我成长主题小组,其中包含破冰、建立信任关系、促进沟通、促进团队合作、认识我的个性、我的人际关系、小组总结离别等活动。通过活动的开展促使学生与新集体建立良好的关系。

7. 家校共育服务

项目通过开展有助于改善亲子关系、增进家庭凝聚力的家校共育讲座,实现“家庭 - 学校”的良好互动,为服务对象提供系统的、多元的成长支持。同时,项目也立足学生全人成长,致力多元需求满足,积极链接高校团委、社会组织、社区居委会等社会资源的支持,开展学生高校一日体验活动和京港青少年交流活动、家长亲子教育讲座、教师游戏辅导讲座等,为中学生更广阔、多元发展平台的参与和更积极、正向的成长体验提供可能性,也为“家 - 校 - 社”联动共育的创新探索发挥重要作用。

（三）项目取得成效

1. 2018 年度项目服务对象的改善情况

通过针对服务对象开展的问卷调查评估发现，服务对象改善情况如下。

（1）行为改善方面，服务对象的叛逆行为减少，接受老师及家长的建议等正向行为增多，待人更加有礼貌。83.33%的老师、77.27%的志愿者认为服务对象在参加该项目后行为上有很大改善，69.23%的家长认为服务对象行为上有较大改善。

（2）情绪管理能力方面，服务对象对自己的情绪有了更好的接纳与了解，在日常生活中能够较好地与情绪共处，处事更加沉稳。83.33%的老师、77.27%的志愿者和46.25%的家长认为服务对象在参加该项目后情绪管理的能力有了很大提高，大约25%的老师、志愿者、家长认为服务对象在情绪把控上有了较大提高。

（3）学习能力提升方面，服务对象有了更足的学习动力，在学习方法掌握、学习进度把控上有了明显进步。81.25%的服务对象认为自己在参加该项目后学习能力有了很大提升，83.33%的老师、46.15%的家长认为服务对象的学习能力有了很大提升，54.54%的志愿者认为服务对象的学习能力有了较大提升。

（4）未来规划方面，服务对象对于自己将来的升学、就业、喜爱的职业等方面都有不同看法，对未来职业生涯的规划发展很关心。87.5%的服务对象认为自己在参加该项目后未来规划的清晰度有了很大提升，83.33%的老师也这样认为。72.73%的志愿者认为服务对象对于未来规划的清晰度有较大提升，家长层面认为服务对象对未来规划清晰度有很大、较大提升的各占38.46%。

（5）师生关系方面，服务对象与老师的关系有所改善，从行为上、心底里也更尊重、认可老师。81.23%的服务对象、83.33%的老师认为参加该项目后的师生关系有了很大改善，54.55%的志愿者认为有了较大改善。

（6）亲子关系方面，服务对象与家长的关系有所改善，在亲子沟通、双向理解、彼此支持的方面有一定程度的增强。81.25%的服务对象认为参加该项目后自己与父母的关系有了很大改善,46.15%的家长、40.91%的志愿者认为亲子关系有了很大改善。

(7)自我评价方面,服务对象认为自己有价值、有能力、被理解、被尊重、受鼓励、受支持的想法逐渐增多,对自我的认知、评价更加正向积极化。87.50%的服务对象认为自己参加项目服务后变得更有自信、遇到困难更有信心解决、学到很多有用的东西,93.75%的服务对象认为自己对自我的认知更加明确、清晰。

2. 项目整体成效

(1)给学校德育工作提供了有效的支持和有益的补充。社会工作专业团队的介入,快速补充了人力支持和专业支持,减轻了学校管理与班主任工作的困难和压力,给学校提供了及时有效的支持。同时也对学校德育工作中做家长的工作、家校合育工作、学生专业的社工服务提供了有益的补充。学校德育主任和班主任都给予了积极肯定的评价,认为社工服务"很及时""积极主动""专业有效""班主任得到了很大支持"。

(2)搭建了学生正向健康发展的安全网。项目组将学校德育主任、班主任、家长、心理老师、驻校社工、社工专家、社工大学生志愿者等人组成一个跨专业的合作团队,有效链接了社会组织、社会资源单位,搭建形成一个学生正向健康发展的安全网。

(3)提高了学生和家长应对问题的能力。项目以大学生志愿者"2+1"成长陪伴为主线,对学生以尊重、平等、接纳的理念,运用个案和小组工作的方法进行陪伴沟通,发掘学生的优势和潜能,给予充分的鼓励和欣赏。提高了学生应对当前问题的信心和能力。学生们反馈"感觉更有信心了""原来我也是不错的""问题没有那么可怕,我可以面对问题"。同时,通过家庭探访、亲子家庭营会等活动提升了家长应对孩子和家庭问题的能力,为孩子的健康成长改善了家庭支持系统。

(4)探索了"家-校-社"共育联动的新模式

通过多元综融的、精准聚焦的、正向积极的社工专业服务,有力撬动了家庭方面的父母参与、学校方面的德教培育、社工方面的研究实践,真正实现了家庭、学校、社工的互动连接。通过专业量表的前后测量、评估问卷的数据采集、个案访谈的内容记录,从多个角度、维度来评估、测量服务的专业性、有效性,有力推动了学校社会工作与现实教育、德育体系嵌入、合作中的研究深入。这是“家 - 校 - 社”共育联动新模式下助力学生正向发展的有益探索与积极尝试,取得了较好的成效,具有较高的理论研究和实务推广价值。

五、专业反思与建议

(一)北京地区学校社会工作服务反思

总体来看,近10年来,北京市学校社会工作服务的发展特点有:在部分地区零星开展,且多是以试点服务进行;主要是在特殊学校开展,在公办的普通中小学开展较少;多是以项目购买服务的方式开展或是社会公益资金资助,项目不具有稳定性和持续性;学校社会工作越来越受到重视,教育领域开始关注和支持学校社会工作的发展。当前,北京地区学校社会工作发展面临的困境有教育行政部门认识度不够、社会认同度不够、行政色彩浓等问题。我国现有基于思想政治教育为核心的学生服务体系是一个原有存在的场域,学校社会工作要想很好地“嵌入”其中,还需要作出多方面的努力。

(二)北京地区学校社会工作服务发展建议

1. 加强顶层设计,加大政策支持力度

北京市民政部门要联合教育部门、人力资源社会保障部门、财政部门制定北京地区学校社会工作发展相关政策文件,从岗位设立、人才培养、社工选用、激励保障等方面进行顶层设计,自上推动学校社会工作的整体发展。

2. 加强实践研究,加大宣传推广力度

针对学校社会工作知晓度不高、认同度不高的问题,政府部门、学校社会工作领域的专业组织和高校社会工作院系应加强合作,加大学校社会工作相关的实务研究,争取出一批较高质量的研究成果。用事实证据来说明学校社会工作的重要作用,并加大对教育系统,特别是中小学校的宣传和推介力度,以引起广泛重视,获得更多支持。

3. 加强人才培养,增强专业服务能力

不断完善高校社会工作人才培养体系,促进学科交融,创新学校社会工作的研究方法,为学校社会工作的发展提供后续动力。促进学校社会工作者理论与实务能力双提升,增强一线学校社工的专业服务能力。加强学校社会工作督导人才队伍建设。为学校社会工作发展提供专业支持,督导对推进学校社会工作专业化、职业化、本土化发展具有重要意义。

4. 加强标准建设,探索本土服务模式

加强学校社会工作服务标准的开发。在推进实务的过程中,总结提炼形成行业服务标准,使学校社会工作服务趋于制度化、规范化。同时,结合北京地区实际,探索本土化的学校社会工作服务模式,适应北京地区学生的发展需求。

(彭　振)

北京市医务社会工作发展报告

“十三五”规划期间是北京市医务社会工作发展的重要5年。这5年，国家提出了健康中国战略，将健康融入所有政策，为医务社会工作发展带来了机遇和挑战；这5年，一批医疗机构自发推进医务社会工作并积累了实践经验；这5年，北京市卫生健康委联合五部门印发《关于发展医务社会工作的实施意见》，为医务社会工作发展开启了“新篇章”。

一、服务对象问题与行业需求分析

卫生健康领域存在着重医疗、轻健康，重技术、轻人文，重视大医院、轻视社区基层的现象。随着社会发展进步，大健康理念深入人心，亟须转变医疗健康服务模式，不仅要重视躯体疾病的治疗，还要帮助患者及家属预防、缓解和解决因疾病所导致的情绪、心理和社会问题；不仅在大医院完善医务社会工作，还要加强基层和公共卫生单位的医务社会工作，努力提升群众的健康获得感。

（一）实施健康中国战略需要推进医务社会工作

2016年，在全国卫生与健康大会上，习近平总书记提出：“要把人民健康放在优先发展的战略地位，以普及健康生活、优化健康服务、完善健康保障、建设健康环境、发展健康产业为重点，加快推进健康中国建设，努力全方位、全周期保障人民健康。”发达国家、地区和国内试点医院的实践表明，医务社会工作是现代卫生健康服务体系的有机组成部分,卫生健康领域引入医务社会工作,对于临床治疗、健康促进、现代健康照顾体系构建具有重要作用,是践行大健康理念,实施健康中国战略,建设健康北京的客观要求。

(二)提升医学人文需要推进医务社会工作

患者就医不仅有治疗疾病的生理需求,还有解决因疾病导致的心理和社会问题的需求,长期以来,医疗技术发展迅速,医学人文关怀缺失,不符合整合医疗模式发展趋势。医务社会工作是改善医疗服务、整合医疗模式的集中体现。医务社会工作介入诊疗过程,关注患者的社会和心理因素,有利于强化患者对临床治疗的配合度,增进治疗效果;有利于实现医疗技术与医学人文的融合,促进医疗机构从以疾病为中心到以病人为中心的转变,是现代医疗模式回归医学本质,彰显医学人文的必然选择。

(三)构建和谐医患关系需要推进医务社会工作

近年来,医患矛盾依然突出,产生了不良社会影响,因此,构建和谐医患关系是卫生健康领域面临的重要课题。医务社会工作者协助患者和家属解决因疾病导致的心理、社会问题,搭建医患沟通的桥梁,有利于舒缓患者情绪,提升服务质量,增进医患理解,改善就医体验。同时,医务社会工作有助于缓解医务人员压力,优化执业环境,对于预防医疗纠纷,构建和谐医患关系具有现实意义。

二、相关政府部门政策法规

(一)国家关于医务社会工作人才建设的政策

我国社会工作是党中央、国务院为加快推进社会主义和谐社会建设,在社会服务领域自上而下地推动建立的一项新的社会服务制度。当前,综合政策规划引领、专项政策配套、地方政策支持的社会工作制度框架体系基本建立。医务社会工作作为社会工作的重要组成部分,国家层面关于医务社会工作的专门文件尚属空白,仅在其他专项工作规划中涉及并表述,主要包括:

国务院转发卫生计生委、中央综治办、民政部等10部门出台的《全国精神卫生工作规划(2015—2020年)》提出:到2020年“心理治疗师、社会工作师基本满足工作需要,社会组织及志愿者广泛参与精神卫生工作”。“各地要建立健全精神卫生专业队伍,探索并逐步推广康复师、社会工作师和志愿者参与精神卫生服务的工作模式,教育部门要加强精神医学、应用心理学、社会工作学等精神卫生相关专业的人才培养工作。”

国家卫生计生委、国家中医药局发布的《进一步改善医疗服务行动计划(2018—2020年)》提出“医务机构要建立医务社工与志愿者制度”,为未来我国医疗行业推进医务社会工作和医务志愿者发展在政策层面提供了有力支撑。

国家卫生健康委员会公开的《进一步改善医疗服务行动计划(2018—2020年)考核指标》中,医务社工制度首次被单独列为一级指标,其分值占总分的6%,包含两个二级指标:医务社工配备情况3分,志愿者服务时长3分,对医务社工的重视程度大大提升。另外,在“人文服务”一级指标下,包括患者心理疏导、医务人员心理疏导,这些也都属于医务社工的服务内容。

(二)北京市医务社会工作发展的相关政策

北京市民政局联合15部门印发《关于加强社会工作专业岗位开发设置与人才激励保障的实施意见》提出,医院……应开展社会工作服务的单位,要将社会工作专业岗位纳入专业技术岗位管理范围,明确了社会工作专业岗位的等级划分、薪酬待遇及岗位聘任要求等。

2020年10月22日,北京市卫生健康委、市委社会工委等5部门印发了《关于发展医务社会工作的实施意见》(以下简称《意见》)。《意见》明确了医务社会工作发展目标、服务内容、岗位设置、人才来源及保障机制等内容。《意见》提出,2020年,北京市将在部分综合性医院和儿科、精神卫生、肿瘤、康复等专科医院以及社区卫生服务中心试点开展医务社会工作;2022年,逐步在全市医疗卫生机构推进;2025年,实现全市医疗机构医务社会工作全覆盖。《意见》要求医疗机构设立医务社会工作岗位,有条件的医疗机构可设立医务社会工作部门或二级科室,将医务社会工作岗位纳入专业技术岗位管理范围。鼓励各医疗机构通过社会招聘、部门转岗、购买服务等方式配置专职医务社会工作者。

三、北京市全局性社会工作专业服务状况

(一)从医务社工的覆盖面上看

据2019年不完全统计显示,北京市开展医务社工的医疗机构有19家,主要涉及儿科、老年、康复、精神、安宁疗护等领域。值得注意的是,除19家医疗机构外,部分医疗机构在个别科室、个别部门,由个别大夫或护士从事着医务社会工作。也就是说,尽管从医院层面推动医务社工的医疗机构较少,但是医务社会工作需求在医疗机构客观存在。《意见》印发以来,北京市医务社工发展进入快车道,2020年底启动了试点申报工作,134家医疗卫生机构被确定为试点单位,医务社工覆盖面大大拓展。

(二)从医务社工专业人才来源上看

医务社工人才队伍的来源主要分为专业型医务社工和转岗型医务社工。两种人才队伍形式各有优势与不足:专业型医务社工具有较强的实务工作能力和专业技巧,但对医疗环境和基础医学常识不熟悉,需要经过较长时间的适应和学习;转岗型医务社工,通常熟悉医院的特殊环境和具体工作流程,需要深入学习社会工作专业理念、理论、技巧、方法等,掌握系统的专业知识。因此,成熟的医务社工团队通常将专业型医务社工和转岗型医务社工两种人才相结合推进医务社会工作服务的开展。

(三)从医务社工专业服务内容上看

按照《意见》规定,医务社会工作主要包括以下内容:一是心理–社会支持。评估患者心理–社会状况;协助患者及家属处理因疾病引起的心理情绪问题,促进疾病适应性和诊疗配合度;协助患者处理因疾病引起的家庭和社会问题,修复社会支持网络;对医务人员提供心理疏导和支持。二是社会

资源整合。评估患者需求，为经济困难患者申请医疗救助；链接社会公益项目，改善医院人文环境；配合出院安置，协助链接资源，促进社会融入。三是医患关系调适。促进医患有效沟通和医疗信息传递；参与诊疗团队，从患者心理和社会角度提出诊疗建议。四是志愿者管理。招募、培训、管理社会志愿者，督导志愿者提供咨询、导诊及其他服务项目。五是社区健康服务。依托村（居）公共卫生委员会、社区服务站等机构，链接社区资源，协助开展慢性病管理、严重精神障碍管理、健康促进、家庭医生签约、医养结合、公益倡导等服务。

从实践上看，上述五部分内容，开展医务社工的医疗机构都有不同程度的涉及。此外，北京市卫健委还积极鼓励各级医疗卫生机构可结合单位特点和服务能力，有选择、有侧重地开展医务社会工作服务。鼓励基层医疗卫生服务机构、公共卫生服务机构结合实际需求，拓展医务社会工作服务内涵。

（四）从医务社工专业服务方法上看

医务社工的服务方法主要有个案工作、小组工作、社区工作等专业方法。个案工作，医务社工通过自我发掘和医院转介发现案主并建立关系，运用专业知识和技巧直接介入受助者，并以个案辅导的方式促进案主的自我改变和成长，增强其对社会的适应，摆脱因为疾病而造成的一系列心理问题和社会问题，比如心理评估与辅导、危机介入、疏导情绪、医疗救助等方面的服务。实践中，由于专业医务社工人才缺乏，多数医疗机构个案工作以医疗救助为主，心理疏导等方面的服务占比较少；小组工作，主要包括支持性小组、发展性小组和教育性小组等，通过小组工作，增进患者对疾病的适应度和配合度，提高对疾病康复的信心和能力，从而促进医疗效果。同时，社工可以在小组中发现个案，也可以安排个案加入小组接受服务；对于社区工作，目前医务社工主要是在社区开展健康宣教、公益倡导、义诊等活动，此外，鼓励医务社工积极对接街道社工站，链接社区资源，在慢性病管理、家医签约以及医院个案闭环管理等方面进行积极探索，拓展社区工作方法及内容。

四、典型性服务项目案例

案例一:某先生,广东梅州人,2019 年 4 月确诊胰腺癌,2020 年 9 月入住某医院疼痛科,病情进展很快,预期寿命不超过 6 个月。社工介入后,协助患者女儿梳理了老先生的愿望清单,他最重要的愿望就是写一份遗嘱,在社工和护理人员的见证下,老先生完成了遗嘱,实现了愿望。社工鼓励家人和老先生进行“道歉、道谢、道爱、道别”,为老先生和他的爱人举行送花小仪式,老先生一再表示在生命的最后阶段,由于安宁团队的介入而变得圆满。

案例二:12 岁的小男孩星宇(化名),在即将上初中之际被确诊为急性淋巴细胞白血病,漫长而痛苦的治疗使听话爱学习的他变得脾气暴躁,每天与医护人员“讨价还价”、抗拒治疗,不仅严重阻碍了治疗进程,而且对病房的其他孩子也产生了负面影响。家长和大夫都感到束手无策,于是将星宇转介给了医务社工。医务社工接到个案后,来到病房,并没有直接向星宇询问病情,而是慢慢地接近他,和他共玩一款游戏、一起读小说,还和他约定一起学习英语。一来二去,星宇和社工成了朋友,经常主动找社工倾诉。同时,社工还帮助星宇妈妈疏导心理压力,指导她改进与孩子的沟通方式。针对移植费用高昂,无钱租房陪伴孩子的困难,医务社工主动链接资源,在医院附近找到了一家实惠又卫生的日租单间,解决了星宇妈妈的后顾之忧。经过几周的个案服务,星宇的状态明显改善,积极配合了后续治疗。

案例三:小全(化名)20 岁时被诊断为精神分裂症,父母由于病耻感带他离开了原来的城市,在北京租房靠打工维持生计。在新的住处,小全母亲不让他出门,担心周围的邻居知道他生病。小全描述自己的生活是吃饭、吃药、睡觉“三部曲”。就这样一直持续了 5 年的时间。小全母亲曾表示只要不复发,宁愿养他一辈子,但又担心一旦自己离世后小全无依无靠。通过门诊宣传,小全一家了解到社工提供的康复服务。社工引导小全母亲正确认识疾病,并介绍她参加家属联谊会,看到其他患者康复的状况,小全母亲逐渐对小全的康复有了信心；社工指导小全母亲循序渐进地培养小全独立生活的技能，从洗衣、买菜、做饭等方面入手制订日常实施计划；针对小全与人接触时的紧张情绪，社工与小全反复进行角色扮演，并参加了社工带领的社交技能训练团体。经过几个月的训练，小全从处处受母亲照顾慢慢地开始承担家务劳动，接着在餐厅当上了服务员。看着小全能够自食其力，小全母亲感激社工的指导，否则小全将被自己带成"废人"。

五、专业反思与建议

（一）专业发展中存在的问题

一是对医务社工的社会认知度较低。医务社工的社会认知度总体偏低，缺少专业认同。社会工作作为一门独立的学科，有着自身的专业理念、工作方法和伦理价值，医务社工的概念、职责范围、工作内容、角色定位和不同专业之间的边界划分，社会公众了解较少，多数医护人员对此也缺乏基本的认知。因此，如何加大对医务社工的宣传，提高社会认知度，增强职业认同感，是摆在我们面前的一项重要工作。

二是医务社工专业人才相对匮乏。据 2019 年不完全统计显示，北京市三甲医院现有专职医务社工 52 人，兼职 32 人。从供给方看，医务社会工作是一门需要专业理论知识和丰富实践能力的工作，属于社会工作专业范畴。目前，高校培养的社会工作人才与医务社工岗位需求存在脱节现象。只有福建医科大学、山西医科大学等高校设置了医务社工专业，多数高校培养的社会工作专业人才属于通才式教育，对于医疗政策、医疗环境、医疗常识等知识缺乏，难以满足医务社工实践需要，因此，适合卫生健康系统的医务社工专业人才总体匮乏；从需求方看，长期以来北京市医务社工发展缓慢，各医疗机构对医务社工人才需求量偏低，客观上影响了高校的学科建设，同时也影响了社会工作专业人才选择医务社工领域的积极性。此外，医务社工专业性强，能力素质要求高，仅仅掌握社会工作专业知识和理论，没有医务社工的实习和实践经验，也难以胜任医务社工专业服务。从供需双方分析可见，目前北京市医务社工专业人才总体匮乏，这将是一段时间内制约医务社工行业发展的重要因素。

三是各项制度机制尚在建立过程中。目前医务社工尚处在起步阶段，工作基础较为薄弱。《意见》明确了医务社工的发展目标、路径及保障机制，为医务社工发展奠定了良好基础,但是在实践中仍有大量制度机制需要细化和深化。比如,医务社工继续教育如何管理？督导队伍体系如何建立？医务社工学科建设如何推动？医务社工的专业化、职业化如何实现？基层医疗卫生领域如何嵌入医务社工等。这些问题需要在实践中探索,在发展中推进解决。

(二)下一步工作思路

北京市卫健委将按照《关于发展医务社会工作的实施意见》(京卫权益〔2020〕4 号)文件精神,立足北京市医务社工发展实际,着眼医务社工科学发展,坚持问题导向、点面结合、以点带面,着力建机制、建队伍、建体系,开拓医务社会工作发展新局面。

建机制。一是试点工作和示范项目培育机制。确定 134 家医务社工试点单位,在此基础上,将重点培育一批有创新、可复制、能推广的医务社工示范项目,对遴选的项目通过给予人才培养、专业督导、资金等方面的扶持,集中力量破解医务社会工作的发展难题,提升医务社工的专业性,切实发挥示范项目的引领带动作用。二是推进建立继续教育机制。搭建继续教育平台,健全多元培训机制,形成医务社会工作课程体系,培养适合卫生健康系统的复合型医务社工人才。

建队伍。一是通过培训提升队伍。坚持问题导向、多元主体、线上线下结合,开展多层次、有针对性的医务社会工作培训,提升工作实务能力和专业化水平。二是探索建立医务社工督导专家队伍。三是做好宣传带动队伍发展。不断发现和培育医务社工先进集体和个人典型,推广医务社工经验做法和典型案例,以点带面,广泛宣传医务社会工作的职业内涵和社会价值,营造社会关注、群众支持、多方参与的医务社工的舆论环境和社会氛围。

建体系。一是加强顶层设计。将与民政、人力资源社会保障、财政、教育等部门密切协作,加强在继续教育管理、职业资格评价、财政支持、专业发展等方面的制度机制建设。二是推进实践探索。医疗卫生机构结合单位特色,积极探索医务社工多元化发展模式。三是发挥社会力量。扶持行业协会发展,在人员培训、行业标准、资源整合等方面搭建平台;支持高校等机构专家发挥专业优势,为医务社工提供智力支持;倡导社工机构、公益组织和基金会等广泛参与,为医务社工发展助力。

(北京市卫生健康委)

北京市未成年人司法社会工作发展报告

一、服务对象问题与需求分析

未成年人司法社会工作服务对象主要是具有不良行为、严重不良行为的未成年人；被决定取保候审的、被决定附条件不起诉的、被免予刑事处罚的未成年人；被判处非监禁刑、被裁定假释、暂予监外执行的未成年人；刑事案件未成年被害人；家事案件中监护权、抚养权等方面存在争议和冲突的未成年人；判处监禁刑的未成年人等群体。

具有不良行为、严重不良行为的未成年人，尤其是被决定治安管理处罚或属于“临界预防”范畴的未成年人群体，他们的主要问题是法律意识淡薄、情绪控制能力差、认知行为存在偏差、具有不良群体交往等。他们需要预防类社会工作服务，如法治教育、训诫教育、情绪疏导、认知调整、行为矫正、关系调适及社会融入等。

刑事案件中被决定附条件不起诉的未成年人群体主要存在的问题是法律意识淡薄、偏差认知、不良情绪、偏差行为、家庭功能不良、社会支持网络较弱等。他们需要矫正类社会工作服务，如社会调查、法律教育、认知调整、情绪疏导、行为矫治、家庭功能修复、朋辈支持、社会融入、附条件不起诉帮教考察和观护基地观护服务等。

刑事案件未成年被害人群体面临人身安全保障、情绪失控、创伤负面影响、家庭功能失调、经济损失等危机。他们需要维权类未成年人司法社会工作服务,如风险控制、情绪抚慰、认知调整、创伤评估、安全自护教育、家庭支持、安置救助、矛盾化解和社会功能修复等。

监护权、抚养权等家事案件中的未成年群体主要存在的问题是监护不力、被监护权益受到侵害、家庭教育不当等。他们需要维权类未成年人司法社会工作服务,包括观护调查、矛盾化解、延伸观护、安抚情绪、法律教育、监督考察、亲职教育和资源链接等。

处于监禁刑的未成年群体主要存在的问题是青春期职业生涯迷茫、漠视生命、无法适应监所生活、认知错误等,他们需要生命教育、青春期自我同一性探索、生涯规划、监所适应(情绪、关系)、法律教育、认知行为矫正、回归社会等社会工作服务。

为了进一步关爱涉法涉诉未成年人,落实未成年人司法保护工作,需要进一步完善社会专业力量介入未成年人司法开展服务的制度和机制,从而推动在未成年人司法领域实现社会治理体系和治理能力的现代化。

二、相关政府部门政策法规

2017 年以来,中央和地方政府出台了系列政策法规,为未成年人司法社会工作服务发展提供了政策保障。下面就对相关政策作简单梳理和分析。

2017 年 4 月,中共中央、国务院印发和实施《中长期青年发展规划(2016—2025 年)》(以下简称《发展规划》)。《发展规划》十大发展领域中第八项是"维护青少年合法权益",第九项是"预防青少年违法犯罪";十大重点项目中第十项是"青少年事务社会工作专业人才队伍建设工程"。也就是说,维护青少年权益和违法犯罪预防目标实现的基本措施是加强青少年事务社会工作专业人才队伍建设。

2017 年 10 月,团中央联合民政部、财政部制定下发《关于做好政府购买青少年社会工作服务的意见》,对政府购买青少年社会工作服务提出明确要求,并将"侵害青少年合法权益行为预防服务""未成年人司法保护服务""有不良或严重不良行为青少年、闲散青少年、流浪未成年人、服刑强戒人员未成年子女、农村留守儿童、困境儿童等重点群体的困难帮扶、心理疏导、行为矫治、监护干预等服务"列入购买清单。

2018 年,最高检、团中央签署《关于构建未成年人检察工作社会支持体系合作框架协议》,在未成年检察社会支持体系建设的基本构架、工作流程、项目运作等各个方面强调检察机关与社工机构的全面合作①。

2020 年,最高检《关于加强新时代未成年人检察工作的意见》中提出,要会同有关部门,制定全国未成年人司法社工服务指引和评价标准。推动将服务经费列入办案预算,完善绩效管理和人才激励机制,保证司法社工参与未成年人检察工作的持续性和稳定性。

2019—2020 年,最高检、团中央、民政部正式委托首都师范大学研发《未成年人司法社会工作服务》国家标准,并在 7 个省开展国标试点工作。

2020 年,修改后的未成年人保护法颁布并于 2021 年 6 月 1 日正式实施,其中第九十九条规定:"地方人民政府应当培育、引导和规范有关社会组织、社会工作者参与未成年人保护工作,开展家庭教育指导服务,为未成年人的心理辅导、康复救助、监护及收养评估等提供专业服务。"第一百一十六条规定:"国家鼓励和支持社会组织、社会工作者参与涉及未成年人案件中未成年人的心理干预、法律援助、社会调查、社会观护、教育矫治、社区矫正等工作。"社会工作参与未成年人司法保护服务具有了明确的立法保障。

2020 年,新预防未成年犯罪法颁布并于 2021 年 6 月 1 日正式实施,根据第六条第三款规定,社会工作者可以参与专门教育指导委员会的相关工作,研究确定专门学校教学、管理等相关工作。第九条规定,国家鼓励、支持和指导社会工作服务机构等社会组织参与预防未成年人犯罪相关工作,并加强监督。第二十一条规定,社会工作者长期或者定期进驻学校,协助开展道德教育、法治教育、生命教育和心理健康教育,参与预防和处理学生欺凌等行为。第三十一条规定社会工作者可参与不良行为学生的行为干预。也

---

① 2018 年,最高人民检察院、共青团中央签署了《关于未成年人检察工作社会支持体系合作框架协议》。2019 年,在全国启动"未成年人检察社会支持体系建设试点工作",全国各省、自治区、直辖市都参与了试点申报,确定了首批 40 个试点单位。同年,最高人民检察院、共青团中央、民政部委托首都师范大学研发《未成年人司法社会工作服务国家标准》。2020 年,国标研发完成并进入 7 省市试点阶段。

就是说，社会工作参与未成年人犯罪预防工作也得到了立法支持。

通过以上梳理可见，随着国家立法和相关政策的推动，我国未成年人司法社会工作快速发展，也为北京市未成年人司法社会工作发展提供了更加有力的制度保障。

三、北京市未成年人司法社会工作专业服务状况

据统计，目前北京市全年违法未成年人数量约2000人，涉罪未成年人数量约1000人，刑事案件未成年被害人数量约为2275人，存在着大量的未成年人司法社会工作服务需求。为了满足相应需求，北京市有10家服务机构开展未成年人司法社会工作服务，各区也建立起未成年人司法社会工作服务团队，如合适成年人队伍、违法犯罪未成年人社会调查和帮教服务团队等，以保障未成年人司法社会工作服务的开展。具体情况见下表。

表　北京市未成年人司法社会工作服务机构和社工数量概况①

区	社会服务机构	年服务量	专兼职队伍	专业资质
东城区	北京阳光心悦咨询服务中心	20—30人	专职1人 兼职17人	以心理和社会工作教育背景为主
昌平区		40—50人		
朝阳区	朝阳区青少年社会工作协会	40—50人	兼职20人	均为社区青年汇社工
平谷区	北京市朝阳区心声社会工作事务所	10—20人	专职4人	以法律教育背景为主
海淀区	北京超越青少年社工事务所	100—120人	专职24人 兼职10人	以社会工作教育背景为主
石景山区		10—20人		
门头沟区		低于10人		
顺义区		40—50人		

① 本表内容不包括西城区和通州区的情况，根据前期了解，这两区的服务量有限，故本表内容可反映北京市内的总体情况；本表中的服务量指近3年内平均每年社工机构接受委托的涉罪未成年人的数量范围。

续表

区	社会服务机构	年服务量	专兼职队伍	专业资质
丰台区	北京市丰台区中鼎社工事务所	60—70 人	专职 18 人	以应用心理学、社会工作教育背景为主
大兴区	北京市大兴区博恒司法社工机构	60—70 人	专职 6 人	部分为持证社工
房山区	房山区涉未案件调查中心	20—80 人	专职 6 人	教育背景不统一
怀柔区	北京市怀柔区阳光社区矫正服务中心	10—20 人	专职 6 人	部分为持证社工
密云区	密云区家业如心社会工作事务所	10—20 人	专职 15 人	接受过社工和心理相关培训
延庆区	延庆区阳光地带社区青年汇	20—30 人	专职 3 人	部分为持证社工

在这 10 所社工机构中，共有 130 名社工从事未成年人司法社会工作服务，其中 47 人为兼职社工，占社工总数的 36.7%。专兼职相结合的人员构成是未成年人司法社会工作服务的基本特点，兼职社工的出现，能够减轻社工机构的经济压力，丰富社工机构人员的工作背景，起到很好的支持作用。但是，也有部分机构出现了兼职社工远远多于专职社工的情况，这显然不利于工作的开展，也不利于人员专业性的提升。

综观北京市未成年人司法社会工作服务的整体发展情况，尽管相关服务越来越受重视，但各区的发展水平仍然不均衡。无论是服务机构建设、服务队伍建设，还是社会工作者的专业能力和水平，都无法满足未成年人司法保护工作的迫切需求。主要体现在社会工作服务团队缺少专业背景和相关专业训练，尽管已经开展了社会工作服务，但实际上服务专业性和有效性无法得到保障；专业团队的人员数量不足，无法满足司法机关的需求等。

四、典型服务项目：北京超越青少年社工事务所的实践

以 2019 年最高检、团中央推行的未成年人检察工作社会支持体系建设

试点项目为例，海淀区未成年人检察工作社会支持体系建设试点项目由共青团北京市海淀区委员会、海淀区人民检察院和北京超越青少年社工事务所三方协作。主要围绕北京超越青少年社工事务所的实体化运作、参与未成年人司法保护的内容、流程和标准等，探索和创新工作路径，建立健全相关制度机制，促进专业化办案和社会化服务的有机衔接，为未成年人提供特殊、优先和专业的司法保护。主要成效如下。

（一）工作机制建设

1. 建立健全共青团与检察院联动机制，保障各项工作有序开展

根据海淀区未成年人检察工作社会支持体系建设试点项目工作方案，海淀团区委健全完善了海淀区未成年人保护定期联席会议机制，规定了针对海淀区未成年人保护工作中需要协调的事项、议题、工作推进情况等定期召开工作会议并形成会议纪要以解决相关问题，建立健全了海淀区涉诉未成年人观护帮教网上流转平台，案件承办机关和社会组织将涉案未成年人的委托、案件流转及帮教服务等工作文件进行信息化操作，解决了个案流转等现实问题。海淀检察院建立了海淀区未成年人重点个案会商机制，重点解决需要多方参与帮教与救助的涉案未成年人，由海淀区检察院向团区委提出申请，由团区委发挥区未保委办公室职能，协调区教委、区民政等相关部门共同研究和开展帮教、救助工作。北京超越青少年社工事务所建立了海淀区未成年人社会资源链接机制，规定了涉嫌犯罪未成年人的转送机制、社会资源的维护与发展、评估淘汰机制；为涉嫌犯罪未成年人的观护服务提供了社会专业服务机构、社会企业机构、技能服务机构和志愿服务机构这四类服务机构，主要为涉嫌犯罪未成年人提供帮扶教育、技能培训、志愿服务及回归社会的相关服务。

2. 加强队伍建设，提高服务专业性

海淀区未成年人检察工作社会支持体系建设试点工作队伍主要由海淀团区委青年发展和权益维护部 3 名团干部、3 名社工，海淀区人民检察院第七检察部 13 名检察官，北京超越青少年社工事务所 22 名社工作为主干力量，海淀区彩虹之家青少年服务中心 7 名社工、海淀区阳光地带社区青年汇

3 名社工、北京君心善行心理咨询服务中心 3 名心理咨询师等作为辅助力量组成。此外,还有来自首都师范大学、北京师范大学、首都经济贸易大学、中国青年政治学院等高校的数十位专家顾问为海淀区未成年人检察工作社会支持体系建设提供有力支持。

试点工作期间,为社会调查服务工作人员、观护帮教服务工作人员及检察官、团干部和其他相关服务社工进行了专题培训——短期焦点治疗培训,提高了社会调查和观护帮教服务的关系建立技巧、发现和分析需求及焦点问题解决技巧。为合适成年人队伍进行了集中培训,用实际工作中的事例,强化了合适成年人服务监督、沟通、抚慰、教育、见证这 5 项工作职能在实际工作中的运用。

3. 明确资金保障,确保未成年人检察工作社会支持体系建设落地实施

海淀区未成年人检察工作社会支持体系建设试点项目经费 132.72 万元,其中海淀团区委自有资金 52.8 万元,海淀检察院自有资金 75.72 万元,团中央拨付试点建设经费 4.2 万元。海淀团区委建立了资金保障机制,由海淀团区委负责经费的申请与使用,并与试点社会服务机构签订合同,用于建设未成年人检察工作社会支持体系,开展未成年人司法保护活动,总结提炼工作模式,完善相关工作制度,制定并出台规范文件,推进社会力量参与未成年人司法保护。团区委按照财务相关规定,对各项财务支出进行监督,建立项目工作台账,每月报送各项服务人次、活动场次及难点疑点等服务进展情况;每月报送项目经费使用情况等,团区委及时反馈工作意见,社会服务机构根据项目进展进行服务方式的调整与改善。

(二)工作主要内容

1. 建立健全工作机制,加强部门沟通协作

建立了海淀区未成年人保护定期联席会议机制、海淀区未成年人检察工作社会支持体系建设试点经费保障机制、海淀区未成年人重点个案会商机制、海淀区未成年人社会资源链接机制、海淀区未成年人检察工作社会支持体系评估机制,确保联动有依据、配套有保障、评估有标准。

2. 推动建立被害人"一站式"取证与救助工作站,避免对被害人二次伤害和加大救助力度

海淀区检察院积极推动建立专门场所对遭受性侵害的未成年被害人一次性完成询问、心理评估、社工调查救助评估、痕迹证据提取等,努力实现侦、诉、审实行"一站式"取证、"一站式"救助,更好地保护未成年被害人身心健康发展。

3. 推动建立罪错未成年人分级干预体系,实现精准帮教

海淀区委政法委会同区公安分局、区检察院、区法院、区司法局、团区委、区教委开展罪错未成年人分级干预体系,公、检、法、司通过联合专门学校与司法社工,实现对不良行为、违反治安管理行为、触犯刑法不需承担刑事责任、触犯刑法需承担刑事责任的 4 类未成年人进行分级干预,通过强化部门联动、整合社会力量,对罪错未成年人实行轻重有别、逐级递进的干预、矫治、帮教措施。

4. 形成了海淀区未成年被害人"一站式"取证工作意见、海淀区罪错未成年人分级干预体系意见,并报送海淀区委政法委审议

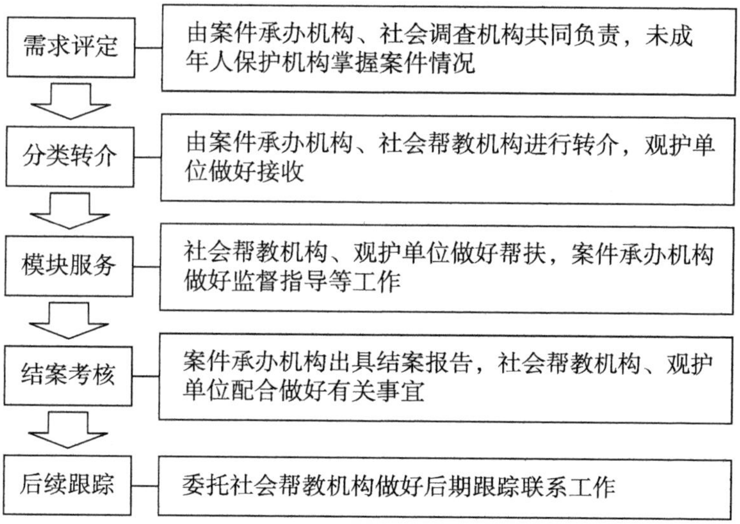

图　实务工作流程图

《海淀区关于建立未成年人被侵害刑事案件"一站式"取证救助工作机

制的意见》已于2020年6月正式下发。罪错未成年人分级干预体系建设方面,整合海淀团区委、海淀公安、海淀检察院、海淀法院、北京超越青少年社工事务所在未成年人社会支持体系建设工作方面做得比较好的案例,形成了2017—2019年海淀区未成年人检察工作社会支持体系十大典型(事)案例,2020年出版《海淀区预青未保典型案例集》。

(三)工作成效

1. 在具体服务方面

一是帮教因涉嫌犯罪而需要观护帮教的未成年人30人,服务量达600人次。开展主题小组活动6期42次,服务量达310人次;组织亲职教育活动2次,参与人次40人次。为10名涉诉未成年人提供心理辅导以及家庭教育指导,服务量达72人次。以上服务有效改善了服务对象偏差的认知和行为习惯,帮助其顺利回归社会。二是为15名刑事犯罪被害未成年人提供救助及干预服务,服务量达242人次。有效维护了服务对象的基本权益,为其重塑健康的生活状态提供了有效支持。同时,本项目在实施中,还为97名未成年犯罪嫌疑人开展389人次的社会调查服务,339人次的合适成年人服务。并分别于五四青年节、七夕节前后开展2次深宵外展服务,走访未成年人聚集的娱乐场所,排查可能存在的隐患,预防未成年人违法犯罪。

2. 在社会力量参与未成年人检察工作配套衔接方面

海淀团区委根据辖区内未成年人的实际情况,积极整合海淀区青联委员、法治副校长队伍、高校资源、社区青年汇、心理咨询中心及社会组织等多方社会力量,创新探索“党团思想引领、专业力量主导、多方资源协同”的模式,结合未成年人的成长特点及需求,在重大时间节点,为辖区内未成年人开展爱国主义主题教育、法治教育、禁毒和防艾教育、安全自护教育等,为未成年人犯罪预防工作提供了大量的支持。

3. 在未成年人司法社工培养方面

首都师范大学、北京师范大学、首都经济贸易大学、中国青年政治学院等高校的数十位专家顾问为未成年人检察工作社会支持体系建设提供专业培训、咨询和督导,从理论研究层面,加强未成年人司法社会工作服务的实务指导。

（四）工作创新性

严格落实北京市涉诉未成年人服务保护"1 +6 +3"制度体系文件精神，在侦查、起诉、审判、刑事执行涉及未成年人案件中，落实社会调查、合适成年人参与、附条件不起诉、犯罪记录封存等特殊保护制度。在未成年人司法方面，社工帮教制度在海淀区形成公检法团无缝衔接体系，海淀看守所、公安海淀分局执法办案中心都设立了社工工作站，做到"一案一委托，一案一调查，一案一帮教"切实保障未成年人合法权益，降低未成年嫌疑人再犯风险。将2013—2015年出台的《海淀区涉诉未成年人观护帮教工作运行管理办法（试行）》等试运行文件进行了更新，计划提交区政府审议。

五、专业反思与建议

（一）北京市未成年人司法社会工作发展基本特征

北京市开展未成年人司法社会工作近20年，从实践来看，北京市未成年人司法社会工作发展呈现出以下基本特征。

1. 北京市未成年人司法社会工作服务的发展路径是从浅层预防向深层预防推进

在北京，未成年人司法社会工作最早的关注对象是犯罪青少年，近年来开始将服务往前延伸到具有违法行为、不良行为的青少年及被害未成年人等，服务的领域也从刑事司法部门向教育、民事司法等领域延伸，逐渐形成了预防类、维权类、矫正类等多种服务，真正实现了未成年人犯罪浅层预防向深层预防的发展。

2. 北京市各区未成年人司法社会工作发展不平衡特征显著

有些区，尤其是城区，服务机制相对完善，服务内容也相对完整，相对而言，郊区的服务机制建设相对缓慢。也就是说，呈现严重不平衡的状态。

3. 各司法机关对社会工作接纳的程度差异显著

总体而言，检察部门、审判机关对社会工作等专业力量介入接纳度较高，相对而言，公安机关对社会工作专业介入的接纳度较低。应该看到的是,近年来,伴随着刑事诉讼法"未成年人刑事案件诉讼程序"专章等法律和制度的出台,未成年人司法制度改革的推进,以及北京市公安局的大力推动,一些区的公安部门成立了专门的未成年人犯罪侦查部门,社会工作与之的合作关系相继建立。

4. 未成年人司法社会工作服务的专业化发展水平有待进一步提升

服务标准、服务模型、服务衔接机制、服务有效性评估等相关问题研究亟待在实践的基础上不断提升。

(二)北京市未成年人司法社会工作发展建议①

一是需进一步完善未成年人司法社会工作服务提供体系。服务提供体系具体包括服务类型、服务内容、服务流程、服务方法、服务质量管理和服务风险等。目前,北京市已经形成了"三大类八小类"未成年人司法社会工作服务内容,服务人群既涉及刑事司法领域,也涉及民事司法领域;既关注违法犯罪的未成年人,也关注被害的未成年人。以上各类服务既坚持使用社会工作一般工作方法,同时也基于服务的需要注重特殊方法的运用。所以,以上各类服务在流程、设施的使用、操作规范上也存在明显差异。

未来在未成年人司法社会工作服务体系搭建过程中,需要进一步完善以上服务内容。同时,服务质量管理是服务提供中必须关注的重点问题,其中涉及服务质量的过程管理、结果管理、督导制度建设、风险控制等相关要素。

二是需进一步加强未成年人司法社会工作服务机构和服务人才队伍建设。在前面的分析中谈到,北京市未成年人司法社会工作服务内容非常庞杂,需要开展大量服务。目前,北京市所开展的服务只是法律要求必须提供的部分,除此之外尚有大量服务需求未被满足。就目前北京市拥有的社会工作服务机构和社工数量而言,难以满足司法机关的现实需要。从事未成年人司法社会工作服务的社工不仅数量不足,专业性也有待提升,因此,大

① 席小华,王璐倩. 未保法修改助推未成年人司法社会工作服务新发展. 国家社会科学基金项目"社会工作参与少年司法社会支持体系建构的实践模式与行动策略"阶段性研究成果,项目号19BSH160.

力培育未成年人司法社会工作服务机构，并不断加强未成年人司法社会工作人才能力建设应是未来一段时间的重要任务。

三是需重视未成年人司法社会工作服务保障体系建设。未成年人司法社会工作服务并非独立地存在，无论是初步探索还是持续性推动，都离不开相关保障机制的建立。比如，司法机关与社工机构需要共建制度以保障未成年人司法社会工作的顺利开展，在制度制定过程中，需关注未成年人司法社会工作服务机制、人财物等服务保障，以及服务参与方的权利义务等。应着力构建社工机构与政府间的沟通衔接机制，发挥民政部门的主管作用，鼓励行业协会积极发挥作用，搭建多主体、多方式、多层面的人才激励机制。

四是需关注未成年人司法社会工作研究。在未成年人司法社会工作研究的过程中，应该在实践基础、法律依据和理论研究基础上，对相关概念、服务原则、服务伦理等进行研究和界定，并以此指导实践的健康发展。

（席小华）

北京市社区矫正社会工作发展报告

社区矫正社会工作是将社会工作实施于社区矫正工作中，由专业人员或志愿者在社会工作专业价值观的指引下，运用社会工作的理论、知识、方法和技术，为社区矫正对象在接受社区矫正期间，提供思想教育、心理辅导、行为纠正、信息咨询、就业培训、生活照顾以及社会环境改善等方面的服务，使其消除重新违法犯罪心理结构，修正行为模式、适应社会生活的一种福利服务活动。社区矫正社会工作包括招聘社区矫正社工、向社会组织购买社会服务项目、基层群众自治组织和志愿者自发开展社区矫正帮扶活动。2020年7月1日正式实施的《中华人民共和国社区矫正法》规定，社区矫正工作坚持监督管理与教育帮扶相结合，专门机关与社会力量相结合，帮助社区矫正对象成为守法公民。社会工作者和社会组织作为社会力量的一个重要部分，对提升社区矫正效果、分担社区矫正任务具有重要意义。

一、社区矫正社会工作面临的困境

（一）社区矫正社会工作者专业化程度有待提升

社区矫正是一个通过解决社区矫正对象心理、生活、学习等各方面的障碍，恢复社区矫正对象的社会功能，促进社区矫正对象顺利回归社会的过程。社区矫正社会工作者除了熟悉相关法律条文、各项监管规章制度外，还必须具有正确的社区矫正工作理念和价值观，具备心理矫正、教育指导等专业行为的方法和技巧。这些专业的素质只有通过专业学习和系统训练才可具备,由于当前社会工作者队伍缺乏社会工作方面的专业训练,难以对社区矫正对象进行有针对性的心理矫正等方面服务,影响了矫正工作目标的完全实现。

（二）社区矫正社会工作者身份有待明确

当前,北京市一些区局、司法所通过政府购买服务的形式,让社区矫正社会工作者参与社区矫正工作,发挥了不可低估的作用。社会工作者参与社区矫正工作,出发点是为了充分利用专业理念、专业知识,发挥其专业特长,使其在解决社区矫正对象心理问题、开展公益活动、培养社会公德、协助就业指导等诸多方面提供专业指导与服务,预防社区矫正对象重新违法犯罪。但在实际工作中,很多社会工作者由于种种原因,沦为“辅警”,充当“配手”,其中原因既有目前一线社区矫正工作人员严重不足的客观原因,也有对社会工作者在社区矫正工作中的角色定位不清的主观原因。社区矫正法第十一条明确规定,社区矫正机构根据需要,组织具有法律、教育、心理、社会工作等专业知识或者实践经验的社会工作者开展社区矫正相关工作。加大对社区矫正社会工作者的关注,进一步完善北京市社会工作者与社区矫正工作顶层设计,依法明确工作定位,加强管理和培训,提高薪资福利,使社会工作者更加积极有效地发挥专业技能,参与社区矫正工作。

（三）参与社区矫正工作的各类社会力量的职责有待细化

从北京市社区矫正具体实践工作看,没有将社区矫正社会工作者作为一种专业力量来看待和使用,与真正意义上的具有专业技能和理念的社会工作有很大差距。实际上,在社区矫正领域服务的社会工作者绝大部分既没有社会工作专业背景、学历,也没有社会工作方面的实践经验。在志愿者提供社区矫正服务方面,其权利义务及提供服务的责任风险、人身安全等缺乏系统的规定和保障。在村(居)民委员会参与社区矫正工作上,有的社区管理比较规范,村(居)民委员会参与的力度和效果就要好一些,反之就要差一些,有的甚至是徒有形式,如何更好地发挥自治组织作用,参与社区矫正工作还需要进一步的细化和研究。

(四)社区矫正社会工作的外部环境有待改善

一是由于对社区矫正工作的重要性认识不足,一些区对社区矫正购买社会工作服务重视程度不够,投入购买社区矫正社会工作服务的资金不足,个别区甚至没有购买社区矫正社会工作服务的资金预算。二是由于资金少、政策支持不足等原因,社区矫正社会工作者的待遇普遍不高,一些优秀的社会工作者因工资待遇低辞职离职的现象时有发生,造成社会工作人才的流失。三是由于北京市司法所下沉,基层社区矫正社会工作者随司法所下沉街乡,其工作职责将由街乡统筹安排,将使各区司法局面临专职社区矫正社会工作者“专职不专”的情况。四是社会力量参与社区矫正的组织机构和工作平台有待发展和完善。目前,社工服务机构少又难成规模,制约了社工力量的培养和壮大,很难达到为社区矫正对象提供专业化社工服务的水平,更达不到以社工组织为主体承接社区矫正项目的需要。五是社会支持氛围亟待培育。整体的志愿服务环境和氛围尚没有完全建立起来,公众的志愿服务精神和习惯没有培育起来,企事业单位参与社区矫正的积极性不高。六是承接主体不足。目前,北京市真正能够并愿意承接购买社区矫正服务的专业社会工作服务组织不足,购买项目缺乏连续性和可持续性,不利于社会组织持续、健康介入社区矫正领域提供系统化服务。

二、相关政府部门政策法规

(一)社区矫正社会工作政策的顶层设计

近年来,司法部、北京市司法局积极探索社会力量参与社区矫正工作,积极推进各区阳光中途之家建设,为各区司法局购买社会工作服务提供政策和文件依据。主要有:司法部、中央综治办、教育部、民政部、财政部、人力资源社会保障部联合印发的《关于组织社会力量参与社区矫正工作的意见》；中共北京市委办公厅、北京市人民政府办公厅印发的《关于进一步加强社区矫正工作的意见》；北京市司法局、首都社会治安综合治理委员会办公室、北京市教育委员会、北京市民政局、北京市财政局、北京市人力资源和社会保障局、北京市社会建设工作办公室联合印发的《关于进一步加强社会力量参与社区矫正和安置帮教工作实施办法（试行）》；首都社会治安综合治理委员会转发的《北京市司法局关于推进区县阳光中途之家建设的意见》。

（二）基层文件为社区矫正社会工作提供支撑

近年来，各区司法局积极按照司法部、北京市有关政策和文件要求，加大本区社区矫正社工队伍建设和管理力度，出台了一些相关的文件和规章制度，进一步规范了社区矫正社会工作者参与社区矫正工作的机制，提高了社区矫正社会工作者参与社区矫正工作的积极性。如，西城区司法局联合区民政局等部门下发《北京市西城区司法局社区矫正和安置帮教专职社工岗位考核暂行办法》，规定了社区矫正社会工作者参与社区矫正工作的服务标准；房山区司法局下发《关于区司法局申请增加社区矫正辅助人员编制的意见》，明确了区司法局和区民政局在社区矫正社会工作者日常管理和使用中的工作职责；昌平区司法局制定了《昌平区司法社工年度考核办法》，就社区矫正社会工作者年度考核、月度考核及每月考勤等作出详细规定，促进了社会工作者的正确履职；大兴区司法局制定《关于进一步规范社区工作者工资待遇的实施细则》《大兴区司法局司法社工管理办法（试行）》等文件，明确了社区矫正社会工作者队伍的资金申请和使用标准，逐步增加工资待遇，提高了社会工作者从事社区矫正工作的积极性。

三、全局性社会工作专业服务状况

（一）购买社会工作服务情况

近年来，北京市司法局积极指导各区做好社区矫正购买社会工作服务工作，不断推动社区矫正对象管理教育工作的开展。一是购买社区矫正心理健康服务工作。通过购买社区矫正心理服务项目,与相关专业咨询机构开展合作等方式,引入心理咨询师队伍对社区矫正对象开展心理咨询、心理辅导,对社区矫正工作人员进行心理矫正技能培训等。如,西城区司法局每年投入资金10万元购买社区矫正对象心理服务,为社区矫正对象开展心理讲座,进行心理危机干预,收到了良好效果;2016年,北京市司法局通过政府购买服务的方式,引入社会专业机构在平谷区司法局试点开展全市社区矫正对象心理矫正项目,为社区矫正对象开展心理测查、个体咨询等,给社区矫正对象矫正方案的调整提供了依据;为社区矫正工作人员开展心理矫正技能培训等,使社区矫正工作人员的心理矫正水平明显提高。二是购买社会力量开展社区矫正调查评估和居住地核实工作。通过购买第三方调查公司或社工事务所工作力量的方式,对拟适用社区矫正的人员开展入户调查、对居住地的影响以及社会危险性评估等。如,顺义区司法局聘请咨询公司作为第三方独立社会调查员对拟适用社区矫正的人员开展调查评估,切实减轻了基层司法所的工作负担;延庆区司法局与专业社工事务所合作,委托社工事务所开展社会调查评估和居住地核实工作,取得了良好的社会效果。三是购买社区矫正对象教育服务工作。借助社会组织专业优势,委托社会组织开展专项教育活动,提升社区矫正对象教育矫正效果。如,石景山区司法局阳光中途之家联合社工事务所开展"教育增能,反哺社会"和"教育增能,共创建城"系列教育项目,通过讲座、互动体验、工作坊等多种形式,充分调动社区矫正对象接受社区矫正的自觉性和主动性,教育引导社区对象改变错误的世界观和人生观,更好地促进社区矫正对象回归社会。

(二)社区矫正社会工作者服务状况

按照司法部等民政部门印发的《关于组织社会力量参与社区矫正工作的意见》、北京市《关于进一步加强社会力量参与社区矫正和安置帮教工作实施办法(试行)》等文件要求,各区司法局通过直接招录专职社会工作者,与社工事务所签订协议派遣专职社会工作者等方式,引入专业社会力量辅助社区矫正机构开展社区矫正工作。一是由区司法局、民政局面向社会直接招录。通过面向社会直接招录专职司法社工的形式,招录一批具有法律、心理、教育专业技能的社会工作者辅助基层司法行政机关开展社区矫正工作。如，大兴区司法局面向社会公开招录社区矫正社会工作者，一定程度上缓解了基层社区矫正工作人员紧张的局面；房山区司法局会同区民政局联合招聘社区矫正社会工作者，日常使用和管理由区司法局负责，工资发放和社工知识培训由区民政局负责，为社区矫正社会工作者专职开展社区矫正工作提供了保障。二是由劳务公司向基层司法行政机关派遣专职社区矫正社会工作者。通过区司法局与劳务公司签订合作协议，由劳务公司派遣专职社区矫正社会工作者，工资待遇和培训由劳务公司负责，日常业务由区司法局负责指导开展。如，西城区司法局通过劳务公司派遣的形式招录专职社区矫正社会工作者到岗履职，专职社区矫正社会工作者在社区矫正工作中发挥了重要辅助作用；昌平区司法局以劳务派遣的形式招录专职社区矫正社会工作者分配至区社区矫正中心、阳光中途之家、基层司法所，与劳务公司建立会商制度，规范专项资金运作，确保了社区矫正社会工作者更好承担社区矫正对象教育帮扶等非执法类工作。三是向社工事务所购买专业社区矫正社会工作服务。区司法局通过招投标形式，每年固定一家专业社工事务所参与社区矫正工作。如丰台区司法局每年投入 16 万—18 万元与专业社工事务所合作，建立专职联络员机制，社工事务所根据不同工作需求，选派对口专业社工师到基层司法所开展新接收社区矫正对象心理测评、个案访谈，到区阳光中途之家开展社会适应性指导、心理辅导以及心理危机干预等工作，帮助社区矫正对象正确应对负面情绪和自身困境，防止社区矫正对象因心理健康问题导致重新违法犯罪。

（三）基层社区矫正社会工作服务站点建设情况

近年来，为深入推进“平安北京”建设，促进社区矫正对象顺利融入社会，维护首都社会和谐稳定，各区司法局积极按照要求，推进社会服务机构的阳光矫正服务中心建设，建立社区矫正服务工作站，对社区矫正对象开展教育、提供社会适应性指导、进行心理咨询和心理辅导等，为做好社区矫正对象教育矫正和帮扶救助搭建了良好的工作平台。但近年来，由于民政和财政对社会服务机构的管理和资金的要求，造成阳光矫正服务中心的运转困难。

四、典型性服务项目案例

(一)社会服务开展心理矫正典型案例

新冠肺炎疫情期间,社区矫正对象刘某某因家庭关系问题,妻子执意离婚,引发他情绪崩溃,有自杀想法,进而寻求心理帮助。经过两个月的心理辅导,刘某某的状态有了很大的改善。刘某某第一段婚姻因妻子出轨而导致婚姻解体,刘某某及其父母都对这件事一直心怀芥蒂,对现任妻子总是猜忌,继而引发矛盾,导致他妻子提出离婚,且态度坚决。咨询师开展了针对性的心理矫正。第一步:重拾夫妻之间的信任。通过与咨询师的沟通,刘某某逐渐认识到是因为自己缺乏自信,担心妻子会变心,而猜忌妻子导致夫妻之间失去了最基本的信任。之后他和妻子真诚地交谈了一次,把自己的领悟告诉了妻子,得到了妻子的谅解,同意暂时不离婚。第二步:珍惜过往。刘某某回忆在人生低谷的时候,夫妻两人相互鼓励、相互关怀,一起走过晦暗时刻,尤其是在刘某某被看守所羁押的那段日子里,妻子在外面一直积极奔走,帮助找律师、安慰公婆,回忆让刘某某更加懂得要真心对待妻子,珍惜这段来之不易的婚姻。第三步:改变自己。刘某某逐渐认识到婚姻走到这一步,尽管夫妻双方都有责任,但是他的问题多一些,勇敢地改变自己,用行动对妻子承诺。第四步:修复关系。刘某某的改变,他的妻子看在眼里,态度也不再冷漠,开始关心他的生活起居,给他快递一些生活日用品,夫妻关系有所缓和。经过两个月时间,每周1—2次的咨询,心理咨询师最终帮助刘某某改变自己,重拾夫妻间的信任,走出婚姻的困境,挽回了一段婚姻。

(二)社会服务参与社区矫正社会调查

社区矫正前的社会调查旨在协助法院等社区矫正决定机关全面分析犯罪人员的人身危险性,使社区矫正决定机关能够更加准确地进行社区矫正。社会调查是社区矫正机制有效运作的前置性因素,研究此类调查主体构成、调查的内容范围以及调查所遵循的科学原则，具有重要的实践价值，能够为法院、监所、检察院等委托单位拟适用社区矫正对象的调查核实提供依据。执行层面，由于审前社会调查的内容涉及法学、犯罪学、心理学、社会学等多方面知识和专业技能，而现阶段承担调查职责的基层司法所工作人员由于本身承担着多项工作职责，存在人少事多的现状。因此，需要具有法学、心理学、社会学以及社会工作专业技能等专业知识和能力的社会工作人才参与此项工作。

五、专业反思与建议

（一）明确社区矫正社会工作者及社会组织在社区矫正工作中的职责定位

社区矫正机构是社区矫正工作主体，履行刑事执行的工作职责。社会工作者及社会组织是协助、配合社区矫正机构参与社区矫正工作的社会力量。因此，在社会工作者及社会组织参与社区矫正管理时，社区矫正领域中的社会工作者的岗位设置可以有两种形式：一是社区矫正机构内设社会工作者专职岗位。社会工作者在社区矫正机构的统筹、委派和指导下，专门从事评估、个案管理、社会适应性帮扶等矫正服务，社会工作者需具有专业资质且岗位职责明确。二是社会工作者作为社会服务组织专门人员，在政府购买服务制度的安排下，负责实施由社区矫正机构委托、社会服务组织承接的矫正前社会调查等社区矫正服务项目。

（二）建立社区矫正社会工作者合理的薪金制度和职业规划

社区矫正社会工作者承担着协助社区矫正机构工作人员做好社区矫正对象日常管理的大部分工作，是社区矫正工作中不可或缺的一支重要力量。一是建议相关部门出台相关政策，强化社区矫正专职社会工作者队伍从业人员保障，确保社区矫正社会工作者队伍持续稳定，保障社区矫正工作有序开展。二是加强专职社区矫正社会工作者的职业规划。建议由市民政局牵头组织相关人员参加全国社会工作者职业水平考试，以及持证人员的继续教育,加强对社区矫正社会工作者的业务知识培训,提升从事社区矫正工作的能力和水平。

(三)加强政策支持和资金投入

一是建议加强全市性购买社会工作服务的顶层设计,统一社会服务购买程序、资金来源、服务标准等,规范全市社区矫正社会工作者购买工作。二是加大财政资金投入。建议由市民政局指导各区民政局加大对社区矫正购买社会工作服务、社区矫正社会工作者队伍的财政资金投入,建立社区矫正社会工作服务项目库,扩大社区矫正购买社会工作服务的范围和规模,带动社区矫正建立多元化社会工作服务投入机制。

(北京市司法局)

北京市禁毒社会工作发展报告

为全面落实国家禁毒办“8 · 31”工程建设和北京市禁毒委相关指示精神，深入推进北京市乡镇（街道）社区戒毒社区康复工作，北京市禁毒办在充分调研、了解服务对象问题和需求的基础上，引进社会力量参与禁毒工作，积极组建禁毒社会工作队伍，开展禁毒专职社工专业能力提升培训，完善禁毒相关工作制度，提升了社区戒毒社区康复人员依从性，为进一步减少新增吸毒人员，创建和谐稳定的社会环境、创新社会治理工作起到了积极的推进作用。在发展的同时，我们也要进一步思考，如何让部门协同更加通畅、禁毒专职社工人才队伍建设更加合理、专业服务更加深入，进一步创新社会治理，提升专业服务成效。

一、北京市禁毒社会工作服务对象的问题与需求分析

（一）禁毒社会工作的服务对象及其特殊性

禁毒社会工作，是指社会工作者运用一定的禁毒知识和社会工作专业知识、方法和技巧，遵循社会工作价值理念，在一定时期内，为服务对象提供心理辅导、行为修正、家庭关系及社会环境改善、就业信息提供、技能培训等跟踪帮教服务，协助他们达到心理、生理脱毒，提升适应社会生活的能力，顺利回归社会。禁毒社会工作的服务对象主要指被责令实行社区戒毒社区康复的人员、其他管控状态的人员（自愿戒毒、进入戒毒康复场所、参加药物维持治疗、戒断3年未复吸、社会面有吸毒史状态的人员等）及主动求助的服

务对象。禁毒社会工作的服务对象有其特殊性,具有病人、违法者、受害者三重属性。

从医学角度看,吸毒成瘾的人大脑神经功能受到严重损伤,是一种顽固的脑部疾病,所以吸毒人员是病人;从法学角度看,吸毒行为直接违反禁毒法、治安管理处罚法,且在客观上诱发了许多违法犯罪行为,所以吸毒人员是违法者;从社会学的角度看,吸食毒品并不只是正面的感受,同时伴随着很强烈的负面情绪,生理、心理的成瘾共同把吸毒者推向罪恶的深渊;从社会工作的角度看,吸毒成瘾对身体、心理都造成严重损害,毒瘾发作时痛苦不堪,有的行为失控。因此,分析吸毒者吸食毒品的原因不仅要从其自身寻找原因,更要结合其所处的社会环境分析,所以吸毒人员是受害者。

服务对象具有病人、违法者、受害者三重属性,这决定了社会工作者与服务对象的关系就是“服务提供者”与“服务接受者”、“管控者”与“被管控者”的特殊关系。

(二)服务对象面临的问题

1. 个人问题

(1)身心受损。长期吸毒会给吸毒者带来严重的身体伤害,健康后果包括但不限于对消化系统影响、对心血管系统影响、对神经系统影响等。吸食精神类毒品严重损害人体大脑,对神经细胞造成严重的、不可逆的损伤,导致患者出现感知觉、思维、记忆障碍,以及意志行为、定向力、情感、意识障碍等一系列精神病症状。

(2)就业受阻。服务对象因其吸毒行为可能会失去许多工作机会,如有吸毒史的人不得在幼儿园工作,不得从事汽电车客运的驾驶员、乘务员的工作等。除正式的影响外,还可能会有非正式的影响,许多企业为维护良好的企业形象,会直接辞掉吸食毒品的员工,永不录用,而且也拒绝聘用有吸毒经历的人为员工,怕他们做出一些损害企业形象和利益的事情。

2. 家庭问题

(1)经济拮据。吸毒耗费大量钱财,到了一定程度必然要靠变卖家中财产换取毒品,致使家徒四壁。又因身心受损或者职业技能偏低导致很难重新就业，无法获取稳定的经济收入，导致他们存在经济上的困难。

（2）家庭关系破裂。一个人一旦染上毒瘾，就会失去义务或责任观念，首先，做丈夫的不能尽丈夫的职责，做妻子的不能尽妻子的义务，易导致家庭关系破裂。其次，父母的不良行为习惯可能会影响亲子关系的健康发展。

3. 社会问题

（1）人际关系的损害。多次吸毒，反复的戒毒经历，使吸毒人员不再以真实的自我面对现实，家庭成员或者朋友也会因吸毒行为对其失去信任。吸毒者为了吸毒置法律和道德于不顾，责任意识淡薄，对其人际关系产生消极影响。

（2）社会资源的丧失。吸毒是违法行为，是社会越轨行为，是不符合社会道德规范的行为，必然要承受吸毒带来的负面影响，如因不守诚信引发的生意受损等。

（三）服务对象的需求

1. 提供戒毒康复服务

服务对象最根本的需求就是帮助其真正戒掉对毒品的依赖，回归正常生活。戒毒的过程不是一个人的单打独斗，而是一群人的共同努力，在遇到困难时社会的支持和引导尤其显得重要。

2. 保障基本生活

帮助服务对象解决生活困难是社会工作者开展帮扶救助的主要内容。主要包括帮助有需要的服务对象申请最低生活保障、特困人员救助供养、低收入家庭救助、医疗救助、教育救助、住房救助、就业救助、临时救助和因病支出型困难家庭救助。社会工作者可以根据北京市相关政策规定，在乡镇（街道）党委政府的指导下，协助服务对象进行救助申请，以便其能保障基本的生活水平。除此之外，还可组织服务对象参加劳务技能培训，协助其找到工作，保证收入来源。

3. 恢复家庭功能

家庭的良性互动是正向影响服务对象的重要力量，服务对象需要更好的家庭支持。对家庭氛围紧张的服务对象，需要协助家庭成员接纳服务对象。主要是通过家访的形式,观察服务对象家庭交往的方式,找到适合的切入点,帮助建立良性的家庭互动模式;对因服务对象的吸毒行为受到身心伤害的子女提供心理辅导,以改善亲子关系;对于单身服务对象,可能需要协助其组建家庭。

4. 良好的回归环境

虽然服务对象不再吸毒,但是吸毒的标签会一直跟随着他们,社会大众对他们持否定、戒备、抵制心理,视他们为危险分子和社会败类,抵制他们回归社会。服务对象需要接纳、理解的社会环境,帮助他们更好地回归社会,回归正常生活。

二、北京市禁毒社会工作发展相关政策法规

(一)国家级禁毒社会工作相关文件

依据《中华人民共和国禁毒法》《戒毒条例》等有关法律规定,2015 年底,国家禁毒办、民政部等 11 部门联合印发了《全国社区戒毒社区康复工作规划(2016—2020 年)》(以下简称“8 · 31”工程),目标是通过 5 年努力,实现社区戒毒社区康复工作体系全面形成,社区戒毒社区康复专职工作人员队伍全面建立,各项戒毒康复措施全面落实,社区戒毒社区康复执行率稳步提高的目标。

为持续提升禁毒工作的社会化、职业化、专业化、科学化水平,2017 年初,国家禁毒办、民政部等 12 部门联合印发了《关于加强禁毒社会工作者队伍建设的意见》,意见提出到 2020 年,禁毒专职社工总量达到 10 万人,建成一批有影响力的禁毒社会工作服务机构,实现禁毒社会工作服务在城乡、区域和领域的基本覆盖,禁毒专职社工队伍的专业作用和服务成效不断增强。

(二)北京市禁毒社会工作相关文件

为推进国家禁毒办社区戒毒社区康复“8 · 31”工程,推进北京市禁毒专职社工队伍规范发展,北京市先后制定《北京市乡镇街道社区戒毒社区康复工作办法》《北京市社区戒毒社区康复工作站建设标准》《北京市社会面吸毒

人员风险分类评估管控办法》《北京市禁毒专职社会工作人员管理办法》《关于进一步加强和规范社区戒毒执行工作的通知》等文件，明确禁毒领域社工人才队伍建设的目标任务和步骤方法，实现规范化发展。

《北京市乡镇街道社区戒毒社区康复工作办法》明确了乡镇街道的禁毒工作责任制，要求成立领导小组、设立办公机构、配备工作人员，明晰了禁毒专职社工工作职责、工作流程，为进一步推进北京市乡镇街道社区戒毒社区康复工作规范化提供了支撑。

为保障工作场所、提升工作成效，北京市制定了《北京市社区戒毒社区康复工作站建设标准》，要求乡镇（街道）设立社区戒毒社区康复工作站，提供办公用房、活动场所，落实专门人员、办公设备、办公经费等必备条件，并根据辖区内在册吸毒人员人数作出 ABC 类建设标准。

为加强禁毒专职社工管理，提升禁毒专职社工工作成效，北京市制定《北京市禁毒专职社会工作人员管理办法》，明确了禁毒专职社工的招聘、管理、使用、保障原则及职责任务，进一步规范了全市禁毒专职社工的管理和服务工作。

为进一步规范社区戒毒执行工作，北京市制定《关于进一步加强和规范社区戒毒执行工作的通知》文件，规范了社区戒毒社区康复人员报到管理工作、社区戒毒各项管控措施落实和执行、社区戒毒社区康复执行期间工作台账档案的管理等内容，能有效提升社区戒毒工作的时效性。

除此之外，北京市还制定了《关于进一步加强戒毒康复人员就业扶持和救助服务工作的意见》《关于在全市开展吸毒人员网格化服务管理工作的实施意见》《关于规范吸毒人员无缝衔接工作的通知》等文件，为提升戒毒康复成效作出有效指引。

三、北京市禁毒社会工作服务状况

“十三五”期间，北京市禁毒办在全市 329 个街道、乡镇建立向日葵工作站，并按照30:1的标准配备了 729 名禁毒专职社工，有力提升了社区戒毒、社区康复效能。当前禁毒社会工作服务推进如下。

(一)实现乡镇(街道)禁毒工作站全覆盖

目前全市329个乡镇(街道)均设立了社戒社康工作站点,成立戒毒工作小组,配备禁毒专干和禁毒专职社工,并统一安装了吸毒人员社会化管控系统(即向日葵系统),开展禁毒预防宣传教育、落实社区戒毒社区康复工作。

(二)完善了社区戒毒社区康复制度建设

北京市平安办将社区戒毒社区康复工作纳入全市禁毒工作考核当中,确定了社区戒毒社区康复工作机构“五有两专”建设标准,即有工作制度、有专职人员、有社会化系统、有基础台账、有帮扶措施,设有专门办公场所、专门教育场所。建立了社区戒毒社区康复工作机构“五个一”工作机制,即与戒毒康复人员落实每月见一次面,按规定做一次尿检,每月开展一次法制教育,每季度开展一次心理咨询,每半年开展一次评估。

(三)组建了禁毒专职社工队伍

北京市禁毒办将禁毒专职社工配备工作纳入本地区、本部门全年重点工作,在人、财、物、力上给予充分保障,各区均按照30∶1的要求完成了禁毒专职社工招聘工作,配备了729名专职禁毒专职社工。形成了定期面向全市禁毒专职社工开展市一年一次、区每季度一次、乡镇(街道)和社会服务机构巡回培训的三级培训工作机制,进一步提升社工对吸毒人员的管理和戒毒康复工作水平,切实解决禁毒专职社工存在专职不专业、社区工作经验匮乏、与吸毒人员沟通交流方法不多等问题。

(四)运用了多种方式落实服务对象管控服务措施

按照国家禁毒办总体要求,北京市禁毒办会同禁毒委相关成员单位,区禁毒办指导乡镇(街道)依托吸毒人员网格化服务管理体系,全方位调查了解辖区内吸毒人员生活现状,逐人登记造册,逐人制定帮扶工作措施,本着“应帮尽帮”“先易后难”的原则,积极完成帮扶任务。

禁毒专职社工积极为服务对象提供职业指导、职业介绍、政策咨询和“一对一”就业跟踪帮扶服务，协助符合条件且家庭困难的吸毒人员申请低保，对生活困难的吸毒人员家庭进行慰问。同时，为服务对象提供心理咨询服务和心理疏导、认知行为治疗、家庭关系辅导、自我管理能力和社会交往能力提升等专业服务。落实低保、医保等帮扶措施，协助心理调适、增强自我能力，帮助戒毒人员重新回归社会，切实解决了部分服务对象生活困难、工作受阻的问题，为服务对象回归社会创造了良好的社会氛围。

（五）开展了多种毒品预防教育活动

以青少年为重点对象，以合成毒品为宣传重点，推动毒品预防教育进学校、进家庭、进场所、进社区、进农村、进企业，在社会面上营造了浓厚的禁毒宣传氛围。一是依托社区阵地，扩大宣传覆盖面。在全市范围内组织开展“流动大课堂”系列宣传活动。二是依托校园阵地，提升学校毒品预防教育水平。在各级各类学校积极营造了“健康人生、绿色无毒”的学习生活氛围，初步形成了“中小学蓝精灵、职高技校蓝色征途、高校蓝色盾牌”阶梯式志愿者队伍体系。三是依托网络阵地，提升毒品预防教育影响力。拍摄制作禁毒公益广告，在北京电视台滚动播出。推出“互联网禁毒十大热搜词汇”活动，引起社会极大反响。开发新版“北京禁毒”微信公众号，目前已发布200多篇原创内容，有力提升了禁毒宣传的影响力。四是强化媒体宣传，积极营造良好氛围。会同宣传、广电部门，着力加大宣传力度，健全“5+X”舆情监测机制，24小时开展涉毒舆情监测，确保不因毒品问题引发媒体负面炒作。

四、引进督导团队开展“北京培新计划”项目

（一）项目背景

自《全国社区戒毒社区康复工作规划（2016—2020年）》《关于加强禁毒社会工作者队伍建设的意见》等政策和文件出台以来，北京市禁毒社会工作取得较快发展，尤其是禁毒专职社工队伍的壮大和充实，为北京市禁毒社会

工作专业化奠定了基础。目前,北京市禁毒专职社工由16个区自行招聘和管理,碍于编制、经费、地域等问题,全市禁毒社会工作发展情况参差不齐。且相比较广东、上海等地,北京市禁毒社会工作起步较晚,基础相对薄弱。

为提升北京市禁毒专职社工素质和水平,解决全市禁毒专职社工理论基础匮乏、实务经验欠缺、地区发展不平衡等问题。2019年开始,北京市禁毒办创新工作理念和方法,采取购买外部督导服务的形式,通过公开招标,与广东联众戒毒社会工作服务中心签订禁毒专职社工管理社会化服务项目,即北京市“培新计划”。

(二)项目概述

北京市禁毒专职社会化管理服务项目周期为3年,目前已经进行2年。项目共配备团队成员10名,采用两人一组、分区包干的形式对全市禁毒专职社工进行督导培训。具体实施内容如下。

1. 走访督导,发现需求

督导专员实地走访北京市各个镇街,全面了解全市乡镇(街道)社区戒毒社区康复工作站建设情况、在册吸毒人员档案台账完善情况、禁毒专职社工工作情况等,通过与镇街禁毒专职社工面对面交流和答疑解惑,发现社会工作者在禁毒工作中遇到的困难和需求,以便制定精准的督导策略。

2. 制定标准,统一规范

走访过程中发现各镇街戒毒康复工作站建设、档案台账规范性参差不齐等问题。督导专员联合市禁毒办于2019年建立统一台账规范,逐一落实“一人一档”,全面规范档案管理。此外,还统一社区戒毒社区康复工作站标识、上墙制度、硬软件设施配备等,并将相关规范、标准汇编成《北京市社区戒毒社区康复工作手册》,供各区执行。

3. 全员培训,提升能力

为提升全市禁毒专职社工的知识储备水平,项目每年对全市禁毒专职社工开展1—2期的全员培训。培训主题均与禁毒专职社工日常工作密切相关,具有较强的操作性和实用性。培训形式较为多样,有专题讲座、案例讨论、故事分享、情景模拟等。2020年新冠肺炎疫情期间,依托广东联众戒毒社会工作服务中心自主研发的“禁毒专职社工学院”线上学习 App,组织全市禁毒专职社工登录平台,系统学习禁毒社会工作知识,并对其学习情况进行线上摸底考试。

4. 立足本土,培育骨干

走访和培训过程中,督导专员联合各区禁毒办选拔出工作积极、基础扎实、经验丰富的禁毒专职社工组建骨干队伍。每年邀请禁毒领域的专家教授和联众经验丰富的督导团队对禁毒专职社工骨干开展进阶培训和重点督导。此外,对禁毒专职社工骨干不定期召开座谈会、研讨会、分享会,手把手解决社工骨干在工作中遇到的困难和难题。同时,鼓励各区骨干发挥社工传帮带的作用,以优带弱,反哺本区禁毒专职社工,形成社工合力的局面。

5. 教案评比,凝结经验

为提炼总结北京社区戒毒社区康复工作经验,挖掘一线优秀做法,推进服务工作流程化、科学规范化建设,项目组开展了首届北京市社区戒毒社区康复优秀教案评比活动。各区禁毒办积极组织,广泛动员,评选出优秀案例18 篇,并将其汇编成案例文集,具有很好的示范性和推广性。

6. 工作座谈,三方督查

项目持续期间,督导专员与各区禁毒办密切加强交流联系,定期不定期召开座谈会议,以便及时指出各区存在的问题和不足,并提出改进办法。同时,督导专员与市禁毒办、区禁毒办形成三方督查机制,每年定期到街道(乡镇)检查禁毒工作情况,对北京市禁毒社会工作的发展具有良好的促进作用。

7. 创办专刊,展示风采

为总结提炼“培新计划”项目成果,展示北京市社戒社康工作成效,展现各区禁毒办及禁毒专职社工的风采与风貌,项目组每年编撰并出版 2 期《北京培新计划工作专刊》,专刊的制作为各区禁毒专职社工提供了一个经验分享的平台。

8. 项目宣传,扩大影响

北京市社会化管理服务项目自开展以来,项目动态曾被“中国禁毒报”

"北京禁毒"等官方公众号平台报道转载。2020年10月,督导专员撰写的项目论文《"培新计划"赋能禁毒专职社工队伍》发表于《中国禁毒报》纸质版,并在公众号获得大量阅读、转载,向全国展示了北京社戒社康工作成果,成功推广了北京经验,扩大了"培新计划"品牌影响力。

(三)项目成效及意义

经过两年的努力,北京市社会化管理服务项目取得了良好的成效,项目对北京市乃至全国禁毒社会工作的发展都具有重要的推动意义。

1. 促进了禁毒专职社工队伍的稳定和提升

广东联众督导专员的加入,对全市禁毒专职社工队伍的稳定和素质提升起到了一定的促进作用。通过与督导专员的互动交流,提高了禁毒专职社工的职业认同感和归属感,消除了其职业倦怠感;定期的督导和全员培训,丰富了禁毒专职社工的知识储备,为其开展专业化服务提供理论基础;案例评估、学习测评和技能考核的开展,提高了禁毒专职社工的活力和创造力;骨干队伍的培育,打造了北京市禁毒专职社工的人才梯队,为构建本土禁毒社会工作督导积蓄了力量。

2. 提高了禁毒社会工作的服务成效

经过为期两年的协同督导和手把手带教,全市禁毒专职社工对自身的职责和任务更加清晰,并逐渐将培训中所学的理论知识运用到实际工作中。例如,禁毒专职社工能够与服务对象建立良好的信任关系,对其开展专业的心理社会需求评估,及时解决服务对象在戒毒康复过程中遇到的困难和问题,帮扶成效显著。近两年,北京市社区戒毒社区康复执行率逐年提升,复吸率逐渐下降,吸毒人员肇事肇祸事件也在不断减少,侧面说明了北京市禁毒专职社工的服务成效不断提高。

3. 推动了禁毒社会工作行业的发展

自项目开展以来,督导专员联合市禁毒办相继出台了一系列政策和标准,经过不断督查和改进,各区禁毒办及各街道(乡镇)领导对禁毒工作的重视程度得到提高,禁毒社会工作开展也更加规范,极大地推动了北京市禁毒社会工作的发展。此外,北京市禁毒专职社会化管理服务项目为全国第一个异地驻点禁毒社会工作督导项目，项目成效显著，也引来天津、河北等地的效仿。项目依托科技力量，实现了远程智慧督导，也为全国禁毒社会工作人才培养模式提供了新的思路。整体而言，推动了整个禁毒社会工作行业的发展。

五、北京市禁毒社会工作发展建议

（一）专业反思

1. 部门协同联动机制不够完善

禁毒社会工作服务对象面临的问题和需求复杂而又多元，需要公安、司法、民政等多个政府职能部门相互协调、相互配合。目前，各街道（乡镇）虽然都建立了社区戒毒社区康复工作小组，但部分街道（乡镇）的社区戒毒社区康复工作小组统筹领导作用尚未发挥出来，导致部门之间的协同服务和联动机制尚未完善，部门之间协作沟通也不够密切，部门合力尚未形成，给禁毒专职社工开展帮扶管理工作带来了一定的影响。

2. 人才队伍建设机制不够健全

北京市禁毒专职社工队伍自 2011 年成立，至 2017 年逐渐发展壮大，整体队伍呈蓬勃向上的发展趋势。但部分区仍存在禁毒专职社工待遇差、职业认同感低、人员流失严重等问题。虽然近几年，北京市禁毒办会同各区禁毒办就工资待遇与职业定位积极与有关部门进行协调与沟通，但各区工作进展参差不齐，有些区的禁毒专职社工待遇明显低于其他地区的同行，同工不同酬的现象在一定程度上削弱了这些地区禁毒专职社工的工作积极性，导致禁毒专职社工人员出现了较大的波动。

3. 专业服务还有差距

北京市禁毒社会工作多为政府购买岗位服务，禁毒专职社工受政府工作人员领导，被分配驻点在镇街或社区戒毒社区康复工作站时，避免不了政府的行政化工作，对服务对象的帮扶难免缺乏广度和深度。禁毒社会工作跨学科领域多，需要掌握的理念、知识、方法、技能要求比较全面，这些技能都需要进行专业的训练才能掌握。近两年，虽然全市禁毒专职社工依托线上、线下教育接受了一系列培训,但依然存在着技能训练不足的状况。由于岗位购买,受政府部门工作思维的影响,全市禁毒社会工作依然偏重于管控性事务工作而忽视专业性服务工作。

(二)可行性建议

1. 立足首都、联动全国

北京市是中央人民政府所在地,是国家首都,是国家政治、经济、文化中心,北京市举办大型政治活动是全国最多的城市,安保任务也最重。在我国把吸毒人员作为特殊人群管理的制度下,北京市对于吸毒人员的社会化管控服务尤为重要。北京作为首都城市也是全国人员流动人口最多的城市之一,非京籍吸毒人口异地管控成为最大的挑战。在区块链技术日趋成熟的今天,如何利用技术手段和制度安排,联动全国各地对吸毒人员的管控服务工作开展协同,实现信息共享、工作协同,变被动管控为协作治理,是今后一段时期北京市禁毒社会工作发展需要开展的新探索。

2. 完善本市政府职能部门之间的联动机制

禁毒社会工作服务对象面临不同的需求,需要各个部门建立联动机制。政府应进一步完善相关政策,明确各部门的禁毒工作责任,以方便禁毒专职社工高效开展工作。禁毒社会工作的服务场域不仅仅在社区,还应该在公安和司法行政的强制隔离戒毒所,北京市有关部门应协调禁毒专职社工介入强制隔离戒毒所,对戒毒康复人员开展干预服务,以帮助强制隔离戒毒人员更好地回归社会。美沙酮社区药物维持治疗点也应该是禁毒社会工作介入的场域。对病残吸毒人员、贫困吸毒人员家庭的介入还需民政等部门的支持。完善禁毒办与司法行政、卫健委及疾控中心、民政部门等相关部门的联动机制,对提升禁毒社会工作服务成效非常重要。

3. 继续完善人才队伍建设机制

加强禁毒专职社工人才队伍建设就要建立、完善一系列人才培养机制。一是完善禁毒专职社工的招聘选拔制度,设置一系列选拔指标;二是建立完善的入职培训制度,进行轮岗实习,以帮助禁毒专职社工尽快熟悉工作职责,适应工作岗位;三是建立统一规范的绩效考核管理制度,实行淘汰制,以激发禁毒专职社工的主观能动性；四是建立禁毒专职社工人才激励和保障机制，提高禁毒专职社工的职业认同感和归属感；五是定期组织专题培训，提升禁毒专职社工的实务技能；六是培养禁毒业务骨干，发展本土督导力量；七是给予经过培训考核合格的禁毒专职社工骨干督导资质，培养一批本土督导力量。

4. 转变工作思路，提升服务效能

北京市禁毒社会工作人才配备使用以政府购买禁毒专职社工岗位服务为主，为促进禁毒社会工作的良性发展，需大力扶持培育专业的禁毒社会工作机构，发挥政府购买社会工作机构服务及政府购买项目服务的优势。通过专门专业的社会服务机构带领基层社工，开启基础管控工作和专业服务工作相结合的路径。同时，可引进第三方评估力量或督导力量，对现有的禁毒专职社工服务进行专业的评估和督导，通过以评促进，以评促建，来提升禁毒社会工作的服务效能。

（王高喜　李孟林）

第三篇　分地区社会工作发展报告

东城区社会工作参与精准救助工作实践报告

自2016年以来，北京市东城区在社会工作参与精准救助方面进行了一些探索和尝试，以低保、特困人员供养为基础，与医疗、教育等专项救助相配套，以临时救助、慈善救助为补充的社会救助体系不断健全和完善，全区困难群众生活得到有力保障。

一、开展社会工作参与精准救助的做法

为不断提升服务保障民生工作水平，东城区坚持以问题和需求为导向，自2016年8月起在全市率先开展了社工参与精准救助工作试点。引入4家社工机构，对7000余户困难对象全面进行了入户调查、访谈、评估，在此基础上建立工作台账，梳理救助需求，有针对性地制订救助方案。初步构建起物质资金帮扶与心理社会支持相结合、政策救助与专业化服务相补充、政府主导与社会参与相衔接的现代社会救助服务模式。

（一）精准识别救助对象

一是周密安排部署。针对这项新工作、新任务，东城区民政局相关科室和社会组织召开对接研讨会，提出5个精准工作要求：社会救助对象认定精准化、社会救助政策落实精准化、社会救助管理服务精准化、社会救助个案

帮扶精准化、社会救助资源整合精准化。下发了《东城区民政局关于全面落实北京市民政局"三社联动精准救助" 开展入户摸底试点工作的通知》,同时还举办了2次工作培训,搭建起区-街-社区-社工组织多方联动的工作平台,为社工组织与街道社区有序对接奠定了基础。

二是健全工作机制。建立健全了"周通报、月小结、季点评"的协调调度机制,每周由各社工机构通报入户工作进展,每月对入户工作进行分析小结,及时协调出现的问题,每季度对各社工组织的工作进行督导和点评,共同完成入户工作。

三是开展入户调查。安排社区工作者和社会工作者逐户开展入户调查、访谈、评估,为困难群众逐一建档立卡,建立工作台账。同时定期向市民政局反馈工作情况,积极争取上级支持。

(二)精准把握救助需求

在开展入户调查、访谈、评估的基础上,运用各社工机构专业手段,对所掌握的资料信息进行分析汇总,梳理出困难群众的年龄分布、年收入支出情况、致困原因、救助需求和期望、医疗保障情况等,从而有针对性地摸清困难群众差异化的需求,再根据其需求制订救助措施和计划。从困难群体中初步梳理出了低保、特困、重残、困境儿童、失独老人等9类群体,其中,低保低收入群体主要涉及医疗救助、再就业技能培训等6类主要救助需求;特困人员涉及集中供养、生活照料等4类主要救助需求;残疾家庭涉及无障碍设施改造等5类主要救助需求;困境儿童涉及伴读伴学、落实户口、就学等7类主要救助需求;失独老人涉及心理慰藉、关爱照料等5类主要救助需求,为在精准救助中提供生计能力建设、心理精神关怀、家庭关系调适、构建社会支持网络等社会工作专业服务提供了契机和切入点。

(三)精准确定救助靶向

经调查,2017年底,东城区有困境儿童、留守儿童和散居孤儿76名。根据入户调查和需求分析,发现困境儿童存在生活、就医、就学、监护缺失或不当、社会融入等方面的困难及问题,困境儿童因为缺乏资源和支持网络而导致的应对风险能力弱，人格难以健全，容易陷入代际贫困。为加快形成家庭尽责、政府主导、社会参与的困境儿童保障工作格局，为困境儿童营造安全无虞、生活无忧、充满关爱、健康发展的成长环境，2016 年底，东城区开始设计精准救助项目子项目，通过购买专业社工机构服务的形式，开展了困境儿童"三社联动＋"精准救助项目，进行"一对一"的个案救助。一是开展需求评估。精准识别困境儿童需求，初步建立联动协作关系，为每名困境儿童建立服务档案，并形成需求分析和服务对策报告。二是开展精准化个案服务。组建由社工和志愿者参与的"陪伴天使"服务团队，协调区－街－社区联动，对全区 76 名困境儿童家庭探视做到全覆盖，对其中 20 名在自我认识和成长方面存在较大障碍的困境儿童，作为第一期重点个案进行重点跟进，开展系列专业个案辅导。三是开展同伴支持服务。对有特殊需求的困境儿童组建成长小组，在小组活动中发现和培养骨干，开展同伴互助。同时组织开展户外互动联谊活动，提升困境儿童社会交往能力，初步建立社会支持网络。四是开展社会倡导服务。建立困境儿童影像发声工作坊，培育困境儿童的自我表达和社会表达能力。

二、开展社会工作参与精准救助取得的初步成效

（一）救助对象初步实现精准识别

通过建立完善困难群众精准救助工作台账，全面摸清了困难群众底数，确保将符合条件的困难群众全部纳入救助范围。梳理分析了困难群众的救助需求，为下一步"一户一策"精准救助提供了依据和切入点。注重社会工作者入户与开展社会救助专项整治相结合，建立了低保家庭经济状况核查预警机制，对家庭和生活现状进行实地察看，发现不符合保障条件的及时报区民政局预警，立即启动网上核查。

（二）救助资源初步实现有效整合

通过政府购买服务和"三社联动"，创新了社会救助工作多元参与机制，极大缓解了基层民政工作力量不足、社会参与度不高的问题，提升了困难群

众服务保障的质量和水平，初步形成了社会力量参与社会救助工作的良好局面。

(三) 救助政策得到进一步宣传

印制社会救助政策宣传折页万余份，在对困难群众入户时进行发放和政策宣传，依托“国际社工日”“北京社工宣传周”等活动集中宣传，提高了困难群众对社会救助政策的认知率。特别是把自下而上开展精准救助工作与机关党员干部下社区“三访三问”(访贫问需、访贫问计、访贫问效)、两节走访慰问困难对象等重点工作相结合，把社会救助政策送上门，把关爱温暖送到家，进一步密切了与群众的联系，凝聚了民心，营造了良好的社会和谐环境。

(四) 救助对象实际困难得到有效解决

注重物质帮扶与精神帮扶并重，在政策的制定、具体服务项目的安排上，既救急，也救志。联合团区委出台了《东城区助力生活困难青少年精准救助工作的实施意见》，引入区人大、区政协、妇联、团委、工商联和其他社会组织与困境儿童精准救助项目对接，整合各方力量、资源，优势互补，让困境儿童接受良好教育，在阻断贫困代际传递方面进行了有益的探索和尝试。例如，在入户工作中，了解到服务对象张大姐生活困难，轻度智障，符合低保申请条件，再婚前有个非婚生男孩小旭，已经年满 9 岁，因为上不了户口，一直无法上学，小旭平时缺乏母亲管教，长期流落在外。为此，东城区民政局积极协调有关街道、派出所和教委，为张大姐开具了家庭困难证明，想方设法帮助张大姐解决了申请低保问题。由于孩子上户口受政策制约，无法入学，相关社工机构发挥自身优势和资源链接，协调联系北京光爱学校接收孩子入学(该校为非营利民间教育慈善机构，属于吃、住、学为一体的免费寄宿制学校，专门收留来自全国各地的流浪儿童、孤残儿童和特困儿童)，解决了小旭的上学问题。

三、开展社会工作参与精准救助工作中存在的问题

（一）介入帮扶的案例不多，专业服务不突出

全区开展的“三社联动 精准救助”入户摸底工作，市民政局要求全覆盖，建立“一户一策一档”，但由于项目时间紧、任务重，4 个承接项目的社工组织因任务量大，没有细致深入地挖掘帮扶对象真正的需求，存在“面太广，深度不够”的问题。入户时只注重量，忽略了质，没有充分发挥社工组织的专业技能，提供专业服务，偏离了帮扶的本质，重复了低保核对工作，成功帮扶的案例不多，需要今后介入帮扶的案例统计得也不多。

（二）帮扶的长效性欠缺

对真正需要帮扶的困难家庭，需求是长期的（比如对一些老人的心理慰藉），需要建立帮扶的长效性和实效性。

（三）社工专业性发挥不够

由于困难群众人员结构复杂，文化水平普遍较低，两劳、重残人员较多，各社工组织的专业性又参差不齐，对低保和困境儿童相关政策掌握不够，有的入户社会工作者与困难群众交流沟通不到位。

四、推动社会工作参与精准救助的建议

社会救助工作是一项系统工程，涉及百姓民生，单靠民政的力量是远远不够的，必须实现政府主导、部门联动、社会参与、共建共享。精准救助重在精准，必须以问题和需求为导向，坚持因人因地施策，因贫困原因施策，因贫困类型施策，区别不同情况，做到对症下药、精准靶向，做到兜底保障、应救尽救，做到精准识别、因人施策。政府购买专业社会工作服务是推动社会救助工作方式转变的有效路径，要上下联动、左右协调，转变工作理念、方式方法，助推社会救助工作走向精细化和个案化。

(一)进一步加强对精准救助工作的组织保障,建立帮扶长效机制

将困难群众精准救助工作纳入各级政府重要议事日程,将社会工作参与精准救助列入民政重点工作任务,不断建立完善以精准救助为基本方略,物质帮扶与精神慰藉相并重、救助帮扶与自我发展相结合、政府主导与社会参与相衔接的救助服务机制。同时加大资金投入力度,将实施精准救助所需资金纳入财政预算,充分发挥政府投入在精准救助中的主体和主导地位。特别是建立健全社会工作参与精准救助的财政支持体系,将社会工作服务纳入政府购买服务目录,列入单位部门预算,逐步形成常态化财政投入机制。继续培养、扶持、稳固专业的第三方社工组织,制订长效帮扶计划,对需要长期帮扶的困难群众进行定时定点定人的精准帮扶。

(二)进一步加强对人户分离问题的政策研究

东城区人户分离现象较为突出,从数量上分析,人户分离人数占到了全区低保低收入人数的30%以上。其中,拆迁、廉租房等因素是造成人户分离的主要原因。给社会救助工作带来了核查难到位、访视难见面、服务难落实等一系列难题,容易形成社会管理和服务工作的盲区。建议建立“户随人走”的户口迁出政策,逐步实现以户籍所在地管理向以实际居住地管理为主的社会管理模式转变。

(三)进一步理顺救助对象管理体系

目前,社会救助工作中普遍存在同一类型社会救助对象由多部门多头管理的情况。如按照工作划分,困境儿童、留守儿童和散居孤儿在区县分别由社救科、救助站、福利科等科室分别管理,但又同属于困难儿童的救助帮扶,工作中交叉较多,不便于工作开展。建议进一步明确相关工作主责部门,理顺工作机制,变多头管理为归口管理。

（四）进一步做好宣传工作

结合成功帮扶案例，通过报刊、微信、网络等渠道广泛深入开展宣传“三社联动+”精准救助对推动社会治理创新、促进和谐社会建设的意义和作用，为深入推进精准救助工作营造良好的社会氛围。

（北京市东城区委社会工委区民政局）

朝阳区社会工作品牌建设报告

为进一步加强朝阳区社会工作者队伍建设，区委社会工委、区社会办组织力量自2017年底开始，采取座谈、访谈、问卷调查、案例分析等多种形式，对“朝阳社工”品牌建设问题进行深入分析研究，形成了积极的研究成果。

一、加强“朝阳社工”品牌建设的重要性和必要性

（一）“朝阳社工”品牌是壮大社工人才队伍的需要

党的十九大提出“打造共建共治共享的社会治理格局，提高社会治理社会化、法治化、智能化、专业化水平，推动社会治理重心向基层下移”。基层工作做得如何，人是核心要素。近年来，在北京市各部门的指导下，在区委、区政府的关心重视下，“朝阳社工”队伍已初具规模，并初步实现了专业化、职业化。截至2017年底，朝阳区社会工作专业人才已达1.21万人，其中社区工作者6096名，持证社区工作者占38.8%。将这支庞大的队伍建设好、管理好、使用好，是一项重要的政治任务。将他们建设成一支能服务、会管理、作风实的人才队伍，是各级党组织的重要职责，努力创造立足基层、立足社区成才的良好环境，依托“朝阳社工”品牌建设，形成人人渴望成才、人人努力成才、人人皆可成才、人人尽展其才的良好局面，让优秀社工人才成为党的基层社会治理的重要力量。

（二）“朝阳社工”品牌是满足人民美好生活的需要

社工是社区服务管理的一支重要力量，当前中国特色社会主义进入了新时代，我国社会主要矛盾已经转化为人民日益增长的美好生活需要和不平衡不充分的发展之间的矛盾。全面建成小康社会的步伐明显加快，人民美好生活需要日益广泛，不仅对物质文化生活提出了更高要求，在民主、法治、公平、正义、安全、环境等方面的要求也越来越高。北京城市新版规划的实施，特别是在京津冀协同发展的大背景下，按照北京“四个中心”建设的要求，朝阳区面临新的发展机遇，也面临着新挑战，人民群众也有许多新的期待，“朝阳区社会治理‘十三五’规划”对社区服务也提出了新的任务和要求，在满足人民群众美好生活需要方面，作为社工需要精准服务，需要品牌引导。

（三）“朝阳社工”品牌是加强社区服务管理的需要

中共中央、国务院《关于加强和完善城乡社区治理的意见》明确要求，加强社工队伍建设，调动其实干创业、改革创新热情，提高社区服务管理水平。朝阳区实践证明，加强社工队伍建设特别是“朝阳社工”品牌创建，为社区服务管理带来了生机和活力。广大社工在城市管理、民生服务、安全维稳、文化文明建设中发挥了重要作用，特别是运用专业工作方法和“三社联动”的形式，组织居民参与小区治理、治理开墙打洞、地下空间整治、治理背街小巷、拆除私装停车地锁、治理小广告、清理楼道堆物堆料等工作中发挥了积极作用。大屯街道在开展“社区创享计划”中，充分发挥社工的专业优势，引入专业社工机构，以居民提案的项目化形式，以专业社工带动社区工作者，组建指导团队，为居民开展提案提供指导帮助，使居民学会了自我发现问题、自己组织团队、自主解决问题，形成了居民提案“八步法”，成为全区的示范典型。同时，在党政群共商共治、老旧小区准物业管理、全要素小区建设、居民楼门文化建设等方面，社工也发挥了重要的作用。

二、“朝阳社工”品牌体系的构成

在社区治理实践中,朝阳区围绕着“家、器、路、美、魂”5字,构建了组织、培训、保障、形象和文化五大体系,逐步形成了“朝阳社工”品牌构架。

(一)建组织,打造社工之家

家是一种归宿,是让人感到幸福和温暖的地方,朝阳区通过建组织、建阵地,将“家”的情怀融入工作中,为“朝阳社工”更新专业知识、交流工作经验、排解心理困扰等提供了诸多服务,让社工之间的“自助互助”精神充分得到了体现。成立朝阳区社会组织综合党委,深入宣传党的路线、方针、政策,打造学习之家,发挥了引领政治方向、服务人才成长的作用;建立区级社会工作者联合会和街道级(地区级)社会工作者协会两级体系,打造交流之家,推动行业发展。开发“朝阳社工E空间”微信公众号,通过整合社工领域资讯、社工机构信息、优质项目案例和优秀社工事迹,打造服务之家,服务朝阳社工发展。

(二)增能力,擦亮社工之器

与岗位相匹配及发展相适应的能力,是做好各项工作的必要武器。第一,建设“三横四纵”体系,设置近10类区级精品培训项目,每年培训社工2400余人次。街道(乡镇)依托各类平台,着力提升在职社工业务水平,积极开展各类政策性、技能类培训。第二,推动“三专”计划,结合街乡社会动员平台建设,组建社会工作服务队,针对社区社工,实施专业社工、专业方法、专业项目等专业培养计划,覆盖近千名朝阳社工。第三,实施“团战”模式,通过购买服务资金和社区创享计划资金,采取“社工+居民团队”模式,组团开展项目,为社工的成长发展打通新的路径。第四,开展竞技赛事,连续举办三届“社区有我”朝阳社工基本功大赛,实现了以赛促训、以赛促学、以赛促练、以赛促能。一整套的“组合拳”促进了社工的专业素质能力和服务水平提升。

（三）强保障，拓宽社工之路

加强制度、政策保障，采取示范性、导向性措施，不断拓宽朝阳社工职业发展之路。朝阳区先后出台了《社区工作者管理办法》《社区工作者管理制度汇编》等，从队伍发展、考勤休假等方面，完善管理制度，有效提高社区工作者队伍管理服务规范性。根据市级要求，规范待遇保障，在全市率先落实社区工作者工资待遇政策，并持续坚持动态调整机制。充分发挥优秀社区书记的头雁作用，开展金蜜蜂课题研究项目，组建社区书记巡讲团，以师带徒的方式研究社区问题，培养后备力量。打通上升通道，积极总结借鉴各地区工作经验，鼓励优秀社工参与机关事业单位招考。

（四）树形象，展现社工之美

阳光、积极的形象，不仅能够展现朝阳社工之美，更能激发朝阳社工的工作热情。以“大眼蜂”形象作为“朝阳社工”品牌 Logo，统一标识，体现协作、互助的社工理念。以朝阳社工工作内容、工作情怀为蓝本，创作《朝阳社工之歌》，抒发了朝阳社工扎根社区、服务居民的朴实心声。梳理“朝阳百名社工人物”，进行梯次培养。参选北京最美社工，评选朝阳“金蜜蜂”，培育“朝阳社工”典型模范人物，越来越多的“朝阳社工”获得国家、市区级奖项。

（五）育文化，锤炼社工之魂

文化是一个国家、一个民族的灵魂，朝阳区以“蜜蜂”形象为基础，以不辞辛苦采蜜为蕴意，培育具有朝阳特色的社工文化，不断锤炼“朝阳社工”之魂。全区已经连续开展三届“金蜜蜂”评选活动，评选出 30 名优秀社工。各街道和社区分别开展“银蜜蜂”“小蜜蜂”评选活动，较好地发挥了示范引领作用。亚运村街道建立“蜂巢工作室”，通过老带新、专业带业余等方法，对社区工作者进行培养，提高了开展工作的能力。朝阳区各街道发扬社工的“蜜蜂”精神，在社区服务管理中坚持勤奋、团结、敬业、奉献的品质。区社会办还组建朝阳社工艺术团，搭建才艺提升和展示平台。举办朝阳社工趣味运动会、社工才艺展示等系列文化活动,帮助其摆脱繁重工作,彻底释放压力,凝聚集体力量,展示社工风采。

三、“朝阳社工”品牌建设带来的启示

通过“朝阳社工”品牌建设,给我们带来了许多有益的启示。

(一)坚持以人民为中心,是“朝阳社工”品牌建设的出发点和落脚点

朝阳区在社工队伍建设中,坚持以人民为中心的发展思想,把服务居民、造福居民作为“朝阳社工”品牌建设的出发点和落脚点,坚持把服务人民群众与动员人民群众积极参与有机结合起来,在实现人人参与、人人尽力、人人共享中体现社工的价值和理念。在培育“朝阳社工”品牌建设中,始终把专业社工人才作为新时代共建、共治、共享社会治理格局的基础,动员广大社工牢固树立强烈的责任感和使命感,自觉投入社区治理伟大实践中,在服务国家、服务社会、服务群众、服务行业中,主动作为、勇于担当,在推进美好生活的实践中,诠释“朝阳社工”的价值,使广大社工有明确的奋斗目标。

(二)坚持党建引领,是“朝阳社工”品牌建设的根本保证

朝阳区注重加强对社工人才队伍建设工作的领导,切实发挥基层党组织领导核心作用,带领社工坚定不移贯彻党的理论和路线方针政策,确保了社区治理的正确方向。注重发挥“一轴四网”区域化党建作用,强化区委、街乡党工委、社区党组织、片区(网格)党组织作用,统筹加强社区党建、商务楼宇党建、社会组织党建,为加强社工队伍建设提供了组织保证,同时通过“朝阳社工”品牌建设,强化了党建在专业化服务中的引领作用,使社工学会通过服务传达党的声音、送去党的温暖,在服务中体现了基层党组织的形象。各级党组织加强“朝阳社工”品牌建设,特别是从思想上筑牢服务意识,把不忘初心的宗旨要求体现到社区服务管理的实践之中。

(三)坚持改革创新,是"朝阳社工"品牌建设的重要基础

自市、区成立社会工委、社会办以来,不断完善社工队伍建设,一路走来伴随着改革创新,在实践中形成了创新成果——"朝阳社工",没有改革创新就没有今天的"朝阳社工"品牌。在实践中,各级党组织不断强化问题导向、需求导向、目标导向,坚持把解决问题、提高服务标准作为硬指标,在积极推进城乡社区治理理论创新、实践创新、制度创新中提高社工队伍建设。没有经验就摸着石头过河,在保障房小区开展的"三社联动"工作方法,受到民政部的认可;在专业社工指导下开展的"居民提案",被评为"全国社区治理创新十大优秀案例"……正是点点滴滴的创新实践,才不断破解了社区治理难题,同时也成就了今天的"朝阳社工"品牌。

(四)坚持完善制度,是"朝阳社工"品牌建设长效运行的有力保障

制度具有一定的稳定性,"朝阳社工"品牌之所以能长效运行,关键是有制度作保证。几年来,朝阳区先后出台了一系列社工队伍建设的制度文件,从教育管理到关心关爱;从专业素质提高到职称评定;从业务学习到典型树立,都体现了制度保证,克服了管理上的随心所欲现象。特别是专业素质提升上,社会建设"十二五"规划和社会治理"十三五"规划连续将社工人才队伍建设作为重点内容,持续推进落实人才培养战略,使"朝阳社工"品牌越擦越亮,社工队伍建设越来越强。

四、"朝阳社工"品牌建设存在的不足及原因

(一)部分单位党建引领作用不够充分

党建引领基层治理在朝阳区已经形成了良好态势,但是在"朝阳社工"品牌建设中,部分单位还存在简单化和行政化的问题,有的认为社工不是体制内人员,没有将他们纳入党管人才范围,即使纳入也往往是简单化的管理,更多地希望靠行政力量来约束,缺乏应有的教育管理。有的要求社工只要完成任务,不出现问题就行;有的对社工很少开展思想教育,缺少人生观、

价值观引导;有的在管理中简单化,以扣分罚奖金代替教育管理。这些问题的原因是多方面的,其中最主要的原因是对社工人才的重视度不高。此外,有的社区党组织缺乏管人、用人、培养人的能力,有的社工机构甚至没有党组织,缺少对社工的政治引导。

(二)部分单位不会利用社工品牌开展工作

“朝阳社工”品牌建设是经过长期实践形成的,是新时代加强社工队伍建设的宝贵经验,用好“朝阳社工”品牌是基层单位的基本功。但是,个别单位不善于运用这一品牌,使品牌的作用没有得到充分发挥,不能产生最大效益。比如,全区开展的“金蜜蜂”评选活动,在街乡和专业社工机构中产生了良好的反响,多数单位借此开展了“银蜜蜂”“小蜜蜂”评选活动,但是有的单位却不够积极,有的认为评选活动名额少,只有个别优秀的才有机会入选,对其他社工促进作用不大。还有的单位对区级建立制度抱有抵触情绪,如“错时工作制”本意是方便服务居民办事,但是有的社区认为受益面不宽,在执行中积极性不高。

(三)社工队伍流动过快影响品牌建设

当前,社工队伍流动过快已经成为一个普遍问题。社工流失带来了一系列问题:一是服务力量薄弱,二是工作接不上茬儿,三是影响了其他社工的稳定。社工流失的原因主要有三个方面:一是工资待遇低,尽管各级政府对社工进行了几轮增资,但总体上工资还是比较低,特别是新的一轮工资还没有到位,有的在观望中变绝望;二是职业归属感不强,由于社工身份不明确、不受社会重视,一些社工觉得从事这一职业没有前途;三是工作量大、要求标准高,负担过重,使部分社工难以承受,有合适的机会就跳槽。

五、加强和改进“朝阳社工”品牌建设的建议

结合“朝阳社工”品牌建设实际,坚持服务和管理实战导向,着力提升社

工能力素质，提高职业认同感和幸福感，在朝阳社会治理“五化协同”体系中发挥更大作用。

（一）强化党建引领，不断完善“朝阳社工”管理机制

提高各级党组织对社工的领导能力，将社区人才真正纳入地区人才建设范围，不断加强社工队伍建设，进一步规范社工招录、选拔程序，选拔岗位适配度高的人员到社区工作；加强街道（地区）办事处人事干部培养；建立党政机关、企事业单位优秀年轻干部到社区挂职、任职制度；建立社区正职选拔培养长效机制，打造一支政治意识强、综合素质高、工作作风好的社区党组织书记、居委会主任骨干队伍。修订相关制度，完善社工管理办法，减少流动，降低培训成本，进一步完善培养、使用、管理、评价、激励、关心等长效机制，进一步规范社区工作者工资待遇，确保全区社区工作者总体待遇水平不低于上一年度全市职工平均工资的100%，努力创造拴心留人的良好环境。

（二）强化平台作用，不断增强“朝阳社工”队伍建设

充分发挥“朝阳社工”品牌作用，搭建“朝阳社工”服务、交流、展示平台。进一步加强“朝阳社工”文化建设，评选“朝阳金蜜蜂”，表彰“朝阳社工”典型模范人物，展现社工风采，提高社会工作的社会影响力。通过设计统一标识，树立“朝阳社工”整体形象。建立微信公众号，拓宽“朝阳社工”宣传推广渠道。加强“朝阳社工”优秀人才储备，提高持证比例。进一步加强“三社联动”，扩大政府购买服务范围，通过党政群共商共治、社区创享计划、居民提案、居民议事厅等形式，加强社区社工、专业机构社工的交流合作，强化“朝阳社工”平台作用的发挥。

（三）强化履职能力，不断挖掘“朝阳社工”人才潜能

坚持大培训理念，开展“朝阳社工”能力提升项目。始终坚持城乡统筹，以建立完善的切合实际的社工培训体系为基础，以提高社工业务能力和专业水平为目标，以推动各项重点工作为导向，持续打造社工精品能力提升项

目。区级重点举办社区党组织书记班、社区正职轮训班、社区带头人研修班、社区工作者初任培训班、社区青年骨干培训班、社工师考前辅导班等,扩大受训面,提高培训质量。依托“社会工作服务队”“全能社工训练营”“优秀书记工作室”等,激发社工潜能。提高机构社工的专业化和本土化程度,不断提升社工服务质量。完善社工培训制度,构建区、街乡、社区、社会组织四级培训课程体系。

(北京市朝阳区委社会工委区民政局)

通州区社会工作发展报告

一、指导思想

以习近平新时代中国特色社会主义思想为指导，认真贯彻中央、市委关于加强社会工作专业人才队伍建设的要求，深入落实北京市民政局印发的《关于加快“三社联动”推动基层社会治理创新的意见》，紧紧围绕城市副中心战略定位，坚持以人民为中心的发展思想，以社区、社工队伍、专业社会工作机构协同发展为基础，以居民需求为导向、改革创新为动力，以创新机制、完善平台、强化保障为重点，持续推动社会工作者队伍专业化、职业化发展，建立覆盖区、街道（乡镇）、社区的联动服务新模式，形成社区建设、社会组织、社会工作专业人才互联、互动、互补的新格局。全面提升基层社会治理水平，助力城市副中心建设发展。

二、总体目标

帮助社区工作人员不断提高社区工作者理论水平和分析、解决实际问题的能力，提升居民自治和服务水平。优化和提升社工人才队伍结构，继续加强专业普及性教育，有重点地组织党政机关、事业单位、组织单位、社区和专业社工机构社会工作岗位从业人员的专题培训，为社区治理创新提供强有力的人才支撑。强化专业服务理念，增强专业服务能力，提高服务的规范化和专业化水平，培养高层次的社会工作服务人才。搭建社区优秀人才素质培养平台，进一步提升基层工作骨干的服务群众工作能力、发现解决问题能力，培养一批核心社区骨干力量，带动各社区自主、创新性地开展工作，为城市副中心社会治理贡献力量。全面提高社区书记主任的组织领导能力、服务群众能力、社区治理能力。通过总结经验、树立典型、打造品牌，以“名师工作室”或“社区社会工作室”辐射和带动加快推进社会工作专业人才队伍建设和专业社会工作发展。

三、加强社会工作人才队伍建设

持续提升一线社区工作者队伍的综合素质和治理能力，逐步建立一支素质优良的专业化社区工作者队伍，加快补齐城市管理短板，全面提高社区管理和服务水平，提升社区居民幸福感、获得感。

通过阶梯式人才培养模式、乡土社工培养计划、考前辅导及再教育、督导实训、骨干力量成长营、社区治理创新发展研修班、名师工作室、社区社会工作室、老书记工作坊等载体和方式，为通州建立一支素质优良的专业化立体社区工作者队伍。

(一)“乡土社工”培养计划

为落实北京市万名“乡土社工”培养计划，通州区认真研究制订符合本土社工发展的实施方案，分步骤、分阶段、分层次开展相关培训工作。为培养更多“留得住、用得上、服务好”的本乡本土高素质社会工作人才队伍奠定坚实基础。

随着北京城市副中心核心区建设的快速推进，通州区城乡结构发生了巨大变化，通州区城乡社区工作人员的理论水平与实务能力普遍偏低，为响应新时代通州社区工作的需求，落实北京市民政局《关于进一步加强基层能力建设　实施万名“乡土社工”培养计划的通知》部署，面向通州区街道、乡镇社区工作者，开展社区标准化建设与社工能力建设培训任务。

- 确定 2 个街道(乡镇)，为开展培训提供场地支持。
- 每个街道(乡镇)1 期时长 5 天的培训课程，共计 2 期，共计 1500 人次;线上培训500人次。

● 线上培训课程同步进行。

● 培训课程内容:“乡土社工”培训开班仪式;城市副中心战略目标对社会工作的要求;社会工作导论;社会工作价值伦理与实务实践;党建引领社区治理;公文写作基础知识;语言表达艺术培训;服务方案设计预评估;办公软件使用方法教学;名书记工作坊分享。

(二)社会工作人才队伍能力建设

2012年,中央组织部等19个部门发布《社会工作专业人才队伍建设中长期规划(2011—2020年)》,规定了发展社会工作人才的总目标,预计到2020年,社会工作专业人才总量增加到145万人。培养专业化、高素质的社会工作者是构建社会主义和谐社会的迫切要求,这对社会工作者教育提出了严峻挑战。在当前深化改革的背景下,要让中国梦的成果惠及全体人民,就必须推进社会工作人才队伍的发展创新,为此,要更加科学地对社会工作准确定位,深入推动社会工作者培训教育工作,充分打造社会工作人才队伍服务平台。

为响应党中央建设宏大的社会工作人才队伍的目标,面向通州区城乡社区、专业社工机构、人民团体、行政机关等社会工作相关领域人员开展社会工作职业水平考试考前辅导,协助工作人员通过社会工作师考试。面向各街、镇社区和其他社会工作系统工作人员中持有助理社会工作师、社会工作师证书人员,开展继续教育培训,传授相关的政策法律等知识,保持良好的职业道德,通过理论与实践相结合,旨在提高该领域工作人员的专业素养与实践能力,为早日实现中国梦贡献力量。

对通州区社会工作相关领域的工作人员进行招生,邀请高校从事相关教程教学与研究的优秀教师,有针对性地开展助理社会工作师和中级社会工作师的应考辅导。为了解培训效率,在培训前后分别做相应测试和调查工作。培训方式分为线上和线下辅导,为提高培训效果,在次年报考期间提示成员,并对成员进行临考辅导。梨园、张湾、潞河医院3个地方设立培训点,参与成员可自行选择。

邀请北京社会工作者协会的老师，对取得社会工作师资格证书的工作人员进行免费继续教育，培育课程包括政府购买项目申报书撰写、社会工作中的法律适用、社区常用公文写作、个案会谈与沟通技巧、时间管理与工作效率等课程。使其保持良好的职业道德，不断更新和补充知识，提高专业实践水平与能力。

表1　完成指标量化表

序号	活动内容			次数
1	考前培训	线上培训	初级社会工作师	300 人次
			社会工作师	200 人次
		线下培训	初级社会工作师	300 人次
			社会工作师	200 人次
2	继续教育	初级社会工作师		320 人次
		社会工作师		180 人次

（三）专业社工机构督导实训

通州区专业社会工作服务机构在近两年内发展比较迅速，强化专业服务理念，提高专业服务能力，提高服务的规范化和专业化水平，培养高层次的社会工作服务人才势在必行，督导者在社会工作中始终担任着重要的角色，而且发挥着重要的作用。督导者的功能不仅仅体现在行政、教育、支持、管理、服务等几个方面。推动团队健康发展，促进被督导者稳步成长，是督导发挥的有效功能。除了采取“督导实训＋小组活动＋情景模拟”综合培训方式，以参与互动、知识讲解、案例分析等形式，开展专业督导实训的基础上，结合城市副中心未来的发展需求，增加“造血”意识、“诊断”思维、“枢纽”桥梁、“心理”支持方面的内容。

表2 完成指标量化表

序号	活动内容	次数
1	督导实训班开班仪式	1
2	督导实训(项目管理、组织管理、外部服务等)	
2.1	政府购买社会组织服务政策解读	1
2.2	社工机构与社会服务项目的财务管理	1
2.3	社工机构核心竞争力与品牌建设	1
2.4	社会机构团队凝聚与建设	1
3	督导实训(造血意识、诊断思维、枢纽桥梁、心理支持等)	
3.1	督导团队的发展动力及心理支持系统	1
3.2	人才断层解决方案	1
3.3	团队在发展过程中的痛点诊断	1
3.4	社工机构内部沟通模式	1
4	督导实训总结反馈会、结业典礼	1

(四)“聚力通州”社区骨干力量成长营

2017年,通州区委托中国人民大学心理学系承接通州社会工作者社会心态报告。报告显示:对于职业枯竭感,选取了三个维度,即低成就感、情绪枯竭和非人性化。从社工职业枯竭量表结果来看,这个群体还是出现了比较突出的职业倦怠问题(职业枯竭量表总分55.30分,远高出中位数45分),这与该群体的社会压力和幸福感指数以及工作成就感(低成就感均值26.46,远高于中位数15)有着密切的关系。

根据心态报告,针对职业枯竭感和职业倦怠感,结合通州区作为北京城市副中心,高起点、高标准、高站位,通州区未来不同种类人流、物流和交通量将与日俱增,城镇化过程加速,社区需求多元化,给社会工作者带来了机遇和挑战。作为社区工作者应在国际视野及工作业务成就感上予以提升。以通州区130个社区、近1600名社区工作者为载体,优选其中社区骨干(书记、主任及优秀社区工作者),通过多角度、综合性的专业培训,以考察学习和交流、实战演练等方式,提高通州区社会工作者的实战综合素质,以"促进社工的自我成长,增进社工的工作能力"为绩效目标,为通州区社会工作者打造一个学习成长共享交流的平台。

在中仓街道四员厅社区挂牌设立红帆工作坊,以老书记工作坊为依托,针对老书记多年的社工实务经验,开展常态化工作坊工作,采用集中讲座的形式,进行新老书记对话,并在多地区建设成立红帆工作坊。

针对各社区不同现状及问题,老书记深入社区答疑解惑,传授、分享优秀工作方法并进行经验交流。

筛选京津冀、通武廊地区优秀街道、社区,采用参观走访、交流的方式,打开思路,拓宽眼界。

针对社区工作人员压力、职业枯竭等指标进行心理测评,通过开展前测获得基础数据,通过项目开展后测获得项目开展效果。

表 3　完成指标量化

序号	活动内容	次数
1	老书记红帆工作坊	160 人次
2	参观考察	100 人次
3	心理评测	180 人次
4	专业督导	2 人次

(五)社区治理创新发展研修培训

城市化快速发展及人民对社会治理要求日益增长,传统管理模式已不能应对逐渐增多的新问题,为应对挑战需要一批社区书记、主任快速提高综合素质,运用多种资源与手段,协调解决问题,化解矛盾,应对风险,维护稳定,促进社会和谐。

通过研修培训全面提高通州 6 个街道 130 个社区书记、主任的组织领导能力、服务群众能力、社区治理能力,运用现有的资源和经验,运用新的社会管理理念、方法和机制间接影响提高1600名社会工作者工作能力，助力通州城市副中心的治理创新与和谐发展。

- 学习“国内外治理最新理念及优秀案例”“社区团队领导力”。
- 组织专家学者开始调研通州典型社区，指导编写“通州社区治理创新发展案例集”。
- 学习“街道社区信息化管理”。
- 学习“社会治理法律、法规”，研讨“各社区、街道治理问题总汇及解决方式”。
- 学习“基层社会组织自治”，实地学习考察北京先进社区；“社区组织服务能力”“社区治理创新”。
- 模范社区治理学习研修。
- 完成指标量化。

表4　完成指标量化表

<table>
<tr><th>序号</th><th colspan="2">活动内容</th><th>次数</th></tr>
<tr><td>1</td><td rowspan="3">培训通州6个街道130个社区主任、书记，通过5轮课程，以案例教学与线上及现场教学方式间接提升、影响1600名社工</td><td>开班上课及研讨</td><td>1次</td></tr>
<tr><td>2</td><td>上课、研修、参观、考察</td><td>3次</td></tr>
<tr><td>3</td><td>总结研讨、结业式</td><td>1次</td></tr>
<tr><td>4</td><td colspan="2">在通州东部基地及街道课堂进行小组案例剖析研讨</td><td>5次</td></tr>
<tr><td>5</td><td colspan="2">学习国内外先进案例，进行研讨与实践</td><td>3次</td></tr>
<tr><td rowspan="2">6</td><td rowspan="2">研修培训方式</td><td>线上视频学习及建立学习群辅导与探讨</td><td>5次</td></tr>
<tr><td>线下案例教学、现场参观考察</td><td>5次</td></tr>
<tr><td>7</td><td colspan="2">邀请社区治理专家、学者指导，模范书记报告分享</td><td>5次</td></tr>
<tr><td>8</td><td colspan="2">每轮课程结束前用抽查与调查问卷方式保证学习效果</td><td>5次</td></tr>
</table>

（六）社会工作服务示范建设

社会工作服务示范建设项目是围绕城市副中心战略定位，根据通州社会工作专业人才成长和社会工作发展需求设立的专项项目。坚持专业性、注重引领性、突出代表性，通过开展教育培训、课题研究、交流研究、实习实训等活动，探索出社会工作室开展的建设方法、管理经验、运营机制，以“名师工作室”“社区社会工作室”为载体辐射和带动加快推进社会工作专业人才队伍建设和专业性社会工作发展，提升通州区社会工作服务水平，提升通州区社区建设品质，使通州区居民拥有更多的幸福感、获得感。

- 通过对社会工作服务情况进行调查、统计，编写《通州社会工作服务报告表》，了解通州社会工作服务整体情况。
- 建立“名师工作室”和“社区社会工作室”，开展课题研究、分享探讨、实习实训等方法，带动加快社会工作专业人才队伍建设和专业社会工作发展。
- 总结社会工作服务经验，树立社会工作服务典型，打造社会工作服务品牌，将社会工作运行的办法、机制和规范编写成《通州社会工作服务手册》。
- 通过培训、研讨、交流和发放《通州社会工作服务手册》，使项目间接受益人达到1600人次。
- 完成指标量化。

表5　完成指标量化表

序号	活动内容	数量
1	对通州区6个街道11个乡镇社会工作服务开展情况进行调查，对社会工作者及其机构统计分析，编写《通州社会工作服务开展情况报告表》，为“名师工作室”和“社区社会工作室”建立人才数据库	17次
2	通过推荐、评估、考核在专家指导下成立或者组建2个“名师工作室”、3个“社区社会工作室”，以此为基础进行教育培训、课题研究、交流研讨、实习实训，完成50人骨干队伍成长，推出2—5项研究成果，树立3—5个“名师工作室”或者“社区社会工作室”典型品牌，带动通州区社会工作服务的人才成长，推动通州区社会工作服务发展	50人参与
3	加强社区社会工作室自身建设，完善工作机制、规范内部管理，编写《通州社会工作服务手册》，发放给1600名社会工作者	1600本
4	总结出社会工作服务的经验，辐射和带动6个街道11个乡镇社会工作发展	1次

四、社会工作取得的效果

第一,在全区开展培训,涉及城乡社区工作人员、社区工作者、专业社工、基层民政工作人员、社区主要负责人及骨干工作者、社区书记主任、通州区专业社会工作服务机构,直接受益3990人次,间接受益3200人次。

第二,形成阶梯式人才培训体系,制订乡土社工培养计划,实行考前辅导及再教育,举办督导实训骨干力量成长营,开设研修班、名师工作室、社区社会工作室、老书记工作坊等。

第三,建成阶梯式人才师资体系,包括院校教授、实战专家、一线老书记。

第四,形成阶梯式人才督导体系,成立通州区社会工作者联合会督导评估中心,建立通州区社工人才库。

第五,编制通州区社会工作服务手册、通州区社工督导教材及案例汇编、通州区社会工作人才发展报告、通州社会工作服务开展情况报告、通州社区治理创新案例集。

第六,打造了4—6个样板品牌社区。

五、社会工作的推进和发展

(一)人才培养实现可持续性

1. 持有社会工作者职业水平证书的人员逐年增加

截至2020年底,通州区有助理社会工作师和社会工作师近2000人。其中,社区工作者占比较大,有力推进了通州区基层社会工作的发展。

2. 参加专业培训的人员数量保持稳定增长

2020年通州区共有近万人参加各领域、各类型社会工作专业培训。

3. 人才激励——社会工作资金稳定投入

2020年通州区投入社会工作资金1892万元。

(二)人才培养体系基本建成

经过几年的实践探索,形成了一定规模的人才队伍和稳定的人才梯队,探索出稳定可持续的阶梯式社会工作人才培养计划。

(三)人才培养模式日益精准化和普及化

(1)领军人才培养的趋势日益突现,引领作用凸显。近几年,社会工作行业逐渐加深了对领军人才的关注,积极开展战略规划、非权力影响力、专业技巧方面、实务沙盘模式方面的专题培训,逐步提升社会工作领军人才在具体实务领域上需要具备的能力。

(2)远程培训成为培训的重要组成部分。

(3)通州区社会工作者联合会采用“两微一端”远程培训的形式为社会工作行业相关人员开展继续教育、考前辅导、在线云直播,学习不受空间限制,教育方式灵活多样,培训对象扩展到整个通州区,发挥培训资源共享等优势。

(北京市通州区委社会工委区民政局)

顺义区社会工作发展报告

顺义区社会工作在市委社会工委、市民政局的大力指导下，结合区域实际，围绕各项重点工作任务，以加强社会工作人才队伍建设为根本，以“三社联动”服务项目为载体，以宣传教育为抓手，大力培育社会工作服务机构，壮大社会工作人才队伍，不断夯实社会工作基础，有效促进社会工作全面落实。

一、建立健全社会工作体制机制

顺义区秉持“建立健全体制机制是加强社会工作的现实路径”的思想方针，在完善政策措施和建立健全体制机制方面下大力气，夯实社会工作基础。

（一）高度重视，完善规章制度

2016年以来，顺义区先后出台了《顺义区民政局关于加快“三社联动”推动基层社会治理创新的意见》《顺义区民政局关于民政业务类社会组织直接登记暂行办法》《顺义区民政局　顺义区财政局关于社会工作参与精准救助的实施意见》《北京市顺义区民政局关于进一步加快推进民办社会工作服务机构发展的实施意见》《顺义区关于调整社区工作者待遇保障的实施方案》《关于加强社会工作专业人才保障激励的实施意见》等一系列指导性文件，畅通社会组织登记渠道，保障社区工作者福利待遇，为顺义社会工作的发展提供政策支持。

(二)健全体系,构建保障队伍

为了确保“干有方向,做有抓手”,顺义区大力整合各方资源,完善职能,明确职责,加强内部机构设置,由民政局成立专门的社会工作科室,重点统筹推进全区社会工作。各街镇成立由主管副职领导任组长的社会工作领导小组,领导小组办公室设在主管业务科室,负责辖区内的具体社会工作。各社区(村)明确专人负责,传达工作精神,对接工作需求。全区上下构建了一支完整的社会工作队伍体系,保障了社会工作各项政策的落地,有力地推进了各项任务的完成。

(三)注重创新,加大执行力度

为确保制度能够有力执行,顺义区加大工作创新力度,在2017年首次出台的《顺义区2017年党建工作绩效考评方案》中,将建立“三社联动”领导机构和工作机构、制定配套政策、“三社联动”开展情况和配套资金情况、成立社工事务所、社区设立社会工作室、社会工作者职业水平考试通过率6大项指标,明确加入对全区各街镇的考核评分中,并出台考核细则。全区成立3个督导组,到各单位进行实地督导检查,提高了基层对社会工作的重视程度,加大了政策的执行力度。

二、加大社会工作宣传力度

为切实做好社会工作的推广和普及,不断提高群众对社会工作的知晓度和认可度,顺义区拓宽渠道开展各类宣传活动。

(一)开展主题宣传,用行动营造良好氛围

围绕“国际社工日”,顺义区每年坚持开展“社工宣传周”主题系列活动,全方位、多形式、深层次地展示了社会工作服务成果,广泛普及社工政策、知识和理念。

如2017年结合主题“助力精准救助,社工让社区更美好”,组织开展6

场“社工知识公益大讲堂”宣传活动，发放社工宣传册、宣传手袋、宣传雨伞等宣传品2万余份。同时，通过电视、报纸、公众号等多种形式，围绕社会工作各项活动进行宣传，区级以上相关报道55篇，增强了社会工作的影响力。同期组织开展全市首场社工知识专家巡讲活动，邀请北京大学社会学系王思斌教授进行专题授课，民政系统工作人员、街镇主要领导、社会工作科室负责人及社工代表等300余人现场聆听。此次巡讲为相关工作人员普及了社会工作专业知识，促进了社会工作融入社区、走进基层、服务大众。

再如2020年3月开展“众志成城战疫情　顺义社工共守护”宣传活动，为抗击新冠肺炎疫情，鼓励社会工作服务机构的社工们发挥自身专业优势，坚守在社区防护前沿，积极参与消毒站岗、体温检测、快递代取、心理咨询、捐款捐物等，众志成城阻击疫情蔓延。同年6月，邀请了擅长儿童社会工作方面的专家南方教授，利用“北青社区报”的直播平台，开展主题为《从疫情防控期系列政策看我国困境儿童保障新方向》的讲座直播。直播观看人数超15万人次，极大地宣传了儿童社会工作的重要性及工作要领。

（二）参与公益活动，用实践宣传社会工作

顺义区结合公益活动，在实践中运用社会工作方法，增强辖区居民对社会工作的认识，扩大社会工作影响力。如2018年开展“不忘初心　牢记使命——北京千名专业社工温暖行大型公益活动”，社会工作者们走上街头，开展对流浪乞讨人员救助。共出动车辆20辆、社工100余人，对全区6个街道、19个镇的繁华街区、桥梁、地下通道等重点区域进行巡查，做到应救尽救，确保流浪乞讨人员过一个温暖的春节。活动不仅保障了流浪乞讨人员的生命安全，更进一步展示了社会工作专业人才队伍的风采和精神风貌，是动员社会工作力量参与困难群众帮扶工作的一次创新。

（三）寻找“最美社工”，用典型影响身边人

根据北京市委社会工委市民政局关于评选“最美社工”的通知精神，积极

组织全区开展寻找"最美社工"活动,经过层层选拔,最终评选出张雪虹、焦秀梅、张梅等一批优秀社会工作者,并进行典型宣传,形成示范引领效应,在全区社工中掀起"崇尚先进、学习先进、争当先进"的新高潮,增强工作认同感和职业归属感。同时,提升社会工作的职业声望和社会地位,形成关心、支持社会工作的良好氛围。

三、提升社会工作人才队伍素质

社会工作人才的专业化程度是社会工作发展的内生动力,顺义区以加强社会工作人才队伍建设为根本,以教育培训为手段,不断提升人才队伍的整体素质。

(一)广泛动员,提高全区社会工作职业水平证书持有率

一是扩大社会工作者职业水平证书的影响力。通过出台《顺义区社区工作者管理办法》《顺义区关于调整社区工作者待遇保障的实施方案》等文件,将社会工作者职业水平证书与工资挂钩,激发社区工作者对就业前景的信心和工作动力,调动在职社区工作者考取职业证书的积极性;通过下发通知、发布公告、网络媒体和公众号宣传等多种手段扩大社会工作者职业水平考试的知晓度,动员全区社会工作人才积极考取职业水平证书。同时,为了提高全区社会工作者持证率,顺义区组织开展免费考前培训班,2016 年至今,共举办 8 场初级培训班、5 场中级培训班,培训人次达 2690 人,全区持证人员从 2016 年的 867 人提高到现在的 1383 人。

二是按时开展社会工作者职业水平证书登记工作。为加强社会工作者职业水平证书登记与管理,顺义区采取单位集体办理登记和个人持证办理登记相结合的方式,积极协助北京社会工作者协会做好社会工作者证书登记工作。截至 2020 年,顺义区社会工作者职业水平证书首次登记 1000 余人,再登记 1500 余人。2019 年、2020 年顺义区作为市民政局社会工作者网上登记的试点单位,登记工作实现网上办理。

(二)重点培养,提高社会工作人才队伍整体水平

一是分类举办社会工作领域培训班。为了提升社会工作从业人员职业水平和专业技能,按照培训类别、人员层级、专业方向,分别开展了4期社会工作者继续教育培训班、2期社会工作督导工作坊、1期社会工作专业人才高级研修班、2期“乡土社工”培训班等培训,共培训10000人次以上,实现了社会工作从业人员的培训全覆盖。

二是开展高级人才储备。顺义区不断挖掘社会工作人才潜力,输送高素质社工人才参加社会工作硕士专业学位研究生培养,目前已毕业7人,在顺义区社会工作领域发挥重要带动作用;试点培养第一批优秀社区社会工作专业人才6名,从理论和实操两方面出发,通过线上和线下形式,进行课程讲解、案例研讨、分享讨论,授课内容涉及活动规划和项目设计、专业理论基础和视野拓展、团队建设和督导的能力提升等方面,进一步强化社区社会工作专业人才的服务和团队协作能力。

四、培育壮大专业社会工作机构

在和谐社会建设背景下,社会工作机构是社会建设和社会治理重要的专业力量,是连接政府、社会、个人的桥梁和纽带。顺义区始终高度重视专业社会工作机构的培育发展,多渠道培育壮大本土社工机构,为社会工作发展助力。

(一)行业引领,注重发挥社会工作机构带头作用

在社会工作建设过程中,顺义区注重贴近实际,坚持社会工作规范化发展,着力发挥行业引领作用。2016年注册成立北京市顺义区社会工作者协会,吸纳单位会员18家,个人会员90人。协会坚持“助人自助”的理念,以宣传社会工作知识、传播社会工作价值、开展社会工作服务、加强人才队伍建设为宗旨,推动顺义区社会工作的职业化、专业化、规范化和本土化发展。

(二)培育发展,壮大全区社会工作专业机构规模

2016年以来,顺义区先后成立社会工作服务机构37个,实现了25个街镇全覆盖。同时,为了提高社会工作机构的服务能力和水平,顺义区通过购买服务项目、培育扶持等多种渠道,不断发展和壮大社会工作机构规模,先后涌现出了一批优秀的社工机构,如北京市顺义区创实社会工作事务所实行“社区、社会组织、社区自组织、社工、社区公益骨干”共同参与的“五社联动”服务模式。自成立以来累计执行16个社会服务项目,组织开展小组工作坊360余次,社区团体活动110次,个案服务236人次,直接受益1600余人次,间接受益5000余人次;北京市顺义区胜利同行社工事务所在对口帮扶中体现专业机构优势,对内蒙古自治区赤峰市巴林左旗开展关爱儿童服务活动80余场次,服务儿童2000余人次,家长老师8500余人次,涉及学校15所。同时,协助建立农村儿童电子阅览室2个,筹集捐助图书、文具、衣物、电脑等多种物品总价值100余万元;北京市顺义区睿治社会工作事务所利用“彩生活”市民课堂信息平台、公众号、微信群等多种形式,进行新冠肺炎疫情防控宣传,引导居民、工作人员和周边群体配合属地政府,科学参与疫情防控;北京市顺义区义祥社会工作事务所坚持党建引领,以专业服务作为立身之本,致力于社会救助、残疾人社会工作、社区发展等,扎根基层、助人自助。以解决问题与满足需求为目标,始终坚持服务的专业性与有效性,与十几所高校建立教学实践基地,拥有经验丰富的专家团队和志愿者团队,在专业服务方面发挥了应有的作用。这些社工机构在顺义区充分发挥专业优势,有效地带动了全区社会工作的深入发展。

五、推动社会工作领域购买服务项目

(一)“三社联动”购买服务项目实现新突破

顺义区坚持以“三社联动”服务项目为载体,努力构建政社合作有效机制,创新社会治理方式,初步形成了“以政府统筹为重点,以居民需求为导向,以专业培训和实务督导为手段”的运行模式。探索出“社区+社会组

织+社工+志愿者”的运行机制，将“三社联动”的理念付诸实际行动，丰富了居民文化生活，促进了社区和谐稳定。

为确保“三社联动”项目能够顺利开展，顺义区专门召开了“三社联动”项目启动大会，专业团队全程督导，“三社联动”项目效果明显。如2018—2019年，“顺义区精准救助——专业社工介入困难家庭救助工作”项目，救助团队结合增能理论、社会融合理论、优势视角、细分理论等内容，多方面、多角度地对20个家庭进行了个案服务。从发掘困境家庭成员的优势、潜能出发，通过提升困境家庭的自我服务能力，达到缓解和调节生活带来的经济、心理等各方面压力的效果，并通过发展性小组，将它们进行整合，实现困境家庭内部的资源流动和自我增能，以至实现互益，取得了很好的效果。

截至2020年，顺义区“三社联动”项目共投入资金400余万元，直接受益1000余人，间接受益10000余人，服务领域涉及社区服务、为老服务、儿童服务、残疾人服务等，有效地缓解了社会矛盾，提升了居民的幸福感。

（二）专业社会工作创新项目取得新成效

以社区为平台，以社区社会组织为载体，以专业社工为引领，在6个街道积极推动专业社会工作创新项目。出台《顺义区专业社会工作岗位购买实施方案》，通过“项目化”运作形式，累计投入资金500多万元，逐步建立“专业社工+社区工作者”的社工人才建设模式，有效开展规范化和志愿化服务，充分发挥专业社工力量在整合资源、维护稳定、化解矛盾等方面的积极作用，取得了良好的社会效益。

2016年以来，顺义区为6个街道购买专业社工岗位，开展专业社工督导，用专业的知识服务社区工作。开展的项目中，残疾人社区康复、社区社会组织培育、社区青少年安全健康教育、老年人需求调研、社区文化建设宣传等活动，特色鲜明、效果明显。截至2020年共开展500余次服务活动，服务人群达7000余人。

2016—2020年是顺义区社会工作飞速发展的5年，5年来，顺义区社会工作实现了政策不断完善,体制不断健全,队伍不断壮大,专业不断提升,社会工作理念贯穿各个领域。“十四五”期间,顺义区社会工作将严格按照党的十九大精神,在北京市委社会工委市民政局的指导下,制定详细发展规划,多措并举激发社工机构活力,加大培育扶持力度。健全社会工作专业人才队伍建设体制机制,推动社区工作者和社会工作者融合发展。实施社工人才培养工程,加强社会工作人才储备。全面推进社会工作服务平台建设,配备专业社工人才。充分发挥社会工作在社会治理中的专业优势,为建设“业强城优生活美”的顺义贡献力量。

(北京市顺义区委社会工委区民政局)

怀柔区社会工作参与精准救助情况报告

精准救助是全面建成小康社会的必然要求，鼓励支持社会工作服务机构参与精准救助是打赢扶贫攻坚战的重要举措。作为北京市社会力量参与精准救助工作试点区，怀柔区通过招投标遴选方式，委托京北社工事务所、福音社工事务所等5家社工机构，深入4201户困难群众开展入户调查、需求评估、资源链接、专业服务、跟踪回访等活动，取得了较好成效。

一、基本做法及成效

（一）发挥“探照灯”作用，把困难群众信息摸清摸准

在9个月的时间里，5家社工机构共安排专职社工20人、志愿者70人，深入全区各个乡镇、街道的每一户困难群众的家中，全面了解困难群众的家庭成员情况、收入情况、支出情况、申请救助情况、社会救助政策知晓情况以及救助改善情况等，真正做到底数清、情况明。社工机构通过入户调查，准确了解和把握困难群众的真实帮扶需求，为精准帮扶奠定基础。通过实地考察、详细访谈、邻居谈话等方式，专业社工机构的社工和志愿者敏锐地发现了一些政府部门在社会救助工作中存在的疏漏和不足，向区民政局上报急难救助对象个案225件，其中26件涉及患有重大疾病，142件涉及老年人因病或无人赡养生活困难，57件涉及未成年人生活与继续接受教育问题。区民政局根据社工机构提供的入户调查信息，及时对发现的困难家庭进行经济核对，将符合条件的困难家庭纳入最低生活保障范围或给予临时救助。

(二)发挥“传声筒”作用,让惠民政策传遍千家万户

走到哪里,社工机构就把社会救助政策宣传到哪里。入哪户,社工机构就把社会救助政策解释到哪户。区民政局将此次精准救助试点活动作为社会救助政策宣传的有利契机,让各社工机构工作人员“担当”社会救助政策宣传的主力,进村入户实行“面对面”的政策宣传,让更多的困难群众知晓社会救助政策,让他们明白自己符合什么条件的救助政策,可以到哪里申请救助,真正做到求助有门。由于低保认定程序相对复杂,一些文化水平较低的村民对低保政策理解不透,无法确定自己到底是否符合低保家庭标准,社工机构的工作人员则根据低保政策和该家庭实际情况给予耐心解答。对于符合条件还没有享受救助政策的低收入家庭,社工机构工作人员主动联系乡镇民政部门,帮助其申请临时救助和慈善救助。工作人员的耐心细致解释,散去了长期以来一直萦绕在许多困难家庭心头的疑云,让救助政策深深地“扎”在了他们的心里。据了解,在此次入户过程中,各社工机构共发放政策宣传资料 4200 余份,给予政策解答 4200 余次,切实提高了困难群众的救助政策知晓率。

(三)发挥“小帮手”作用,帮助困难群众解决实际困难

除了访谈、评估、宣传,对困难家庭进行帮扶,更是此次精准救助试点工作中最重要的任务。根据入户采集的信息,各社工机构有针对性地制订个性化帮扶方案 4201 个,建立困难群众救助帮扶台账 4201 份。针对特别困难的家庭,社工机构采取重点个案的方式进行帮扶,帮助困难家庭逐户制订个性化的帮扶方案。在此基础上,根据困难家庭的具体困难情况,社工机构充分发挥自身的专业优势,对困难家庭开展技能培训、心理疏导、子女课业辅导等帮扶,并帮助链接临时救助、康复指导、法律援助以及基金会等社会资源。据统计,各社工机构共对全区 414 户进行了个案帮扶,提供了各种资源链接 134 次,帮助困难家庭解决了不少实际困难,提升了他们的幸福感和获得感。例如,琉璃庙镇后山铺村池某,女儿患有唐氏综合征,多重残疾,无经济能力进行康复治疗。福音事务所帮助链接了区残疾人康复服务中心,为

其女儿免费提供日常康复训练，还安排专业教师为其女儿安排绘画、音乐等课程，其女儿目前已经能够登台进行才艺表演。

（四）发挥“好导师”作用，帮助困难群众走出精神困境

由于长期贫困、家庭成员患病以及其他因素往往会导致一些困难家庭成员不同程度上出现心理问题，而心理问题又会进一步导致家庭更加困难，从而陷入一个怪圈。心理辅导往往是政府在救助帮扶过程中的一个薄弱环节，一方面是政府部门没有足够人力和精力来开展心理辅导，另一方面是政府部门工作人员并不具备专业的心理辅导知识。在精准帮扶过程中，各社工机构通过心理辅导和精神慰藉，逐渐打开困难家庭成员的心扉，让他们以更加乐观、积极的心态面对生活、面对社会，增强了他们走出困境、迎接美好生活的信心和决心。例如，雁栖镇北台上村黄某，因患强直性脊柱炎导致失去行走能力，长期卧床10余年，拒绝去任何医院接受任何治疗。昊星事务所工作人员了解情况后，组织心理专家3天一次入户为黄某做心理抚慰，解开了他的心结，黄某表示愿意配合专家进行治疗。在治疗期间，事务所心理专家定期入户对患者进行心理干预，调整黄某的心理状态。经过一段时间的治疗，黄某的身体状况明显好转，全家人对生活再次充满了美好的希望。

二、存在的问题及原因分析

（一）社工机构发展滞后，精准救助缺经验

截至目前，怀柔区共有17家社工机构，但是大部分社工机构都是近两年注册登记的，此次参与精准救助的5家社工机构只有20名专业社工，他们对个案工作方法、小组工作方法以及社区工作方法掌握得还不熟练，项目化运作能力有待提升，尤其是在参与精准救助以及社会治理等方面的实践经验较为欠缺，参与精准帮扶的方法还不够丰富。

（二）家庭致贫原因复杂，彻底解决问题难

该项目大部分个案服务对象家庭困难的原因，主要是家人患重度疾病、

就业困难、家庭邻里纠纷、债务沉重等，时间跨度大、困难原因复杂且涉及部门多，社工机构除了组织开展心理辅导、技能培训以及链接社会资源等，很难从其他方面对困难家庭进行实质性的帮扶，仅靠社工机构从根本上解决问题存在较大困难。

（三）社工帮扶注重长远，短期效果不显著

在精准帮扶过程中，社工机构不仅关注困难家庭当前问题的解决，更加注重困难家庭成员的劳动技能、文化素质、身心健康、社会融入等方面状况的改善，主要是提升困难家庭的内生动力，尤其是要从源头上切断贫困思想"穷根"和杜绝贫困代际传递。在短期之内，社工机构的帮扶很难看出非常显著的效果，这与政府部门期待的目标存在偏差。

（四）项目宣传力度不够，帮扶氛围不浓厚

在此次活动中，区民政局委托第三方对社工机构参与精准帮扶项目进行评估，在第三方电话访谈或实地评估过程中，不少服务对象表示不清楚社会工作者的身份与目的，对社会工作、精准救助试点项目处于模糊状态，主要原因是项目宣传力度不够，社工机构大多是利用自媒体进行服务宣传，没有在全社会营造出浓厚的社会氛围。

三、对策建议

（一）加大社工机构培育力度

坚持职业化、专业化、本土化的原则，着力打造一批本乡本土的专业社工机构。要通过降低登记门槛、简化登记程序、提供办公场所等方式，从源头上支持、鼓励社工机构的成立和发展；要加强社工机构教育培育力度，组织社工机构从业人员进行系统化的社会工作专业知识培训和社会工作者职业考试，提升社工机构的专业水平和服务能力；政府部门要进一步转变服务观念和治理方式，采用政府购买服务等方式鼓励和扶持社会工作机构参与精准救助等，为社工机构发展搭建广阔舞台。

(二)探索创新精准帮扶方式

针对特殊困难家庭,社工机构要充分利用自身专业知识,进一步加强个案帮扶和小组帮扶。要拓宽帮扶渠道,充分整合社会服务资源,为困难家庭提供更多的社会资源链接服务。对于社工机构能力范围之外的需求,民政部门要根据困难家庭实际情况,加强与所在乡镇、街道和相关部门的沟通协调,充分发挥政府各相关部门职能作用,制定和采取切实可行的救助措施,真正帮助困难家庭走出困境。

(三)持续推进社工机构帮扶

要加强政府购买服务统筹力度,将社工机构参与精准帮扶项目列入长期帮扶计划,考虑延长政府购买服务的期限,尝试周期性覆盖、打包性购买的形式,确保精准帮扶的稳定性与持续性。要引入更多的专业社工机构,由专业社工与困难家庭结成“1+1”式帮扶对子,长期对困难家庭进行有针对性的关爱帮扶,与他们建立“亲戚式”关系,确保精准帮扶取得良好成效。

(四)全力营造社工帮扶氛围

要充分运用传统媒体和现代媒体,广泛宣传社会救助相关政策以及社工机构帮扶的经验做法、典型案例等,扩大社会影响力。要依托“国际社工日”“北京社工宣传周”等社工重大节日,围绕社会工作参与精准救助开展集中宣传活动;要深入组织社工机构开展专题理论研究、实务探索和交流合作,及时总结推广经验做法,积极营造社会关注、群众关心、多方参与精准救助的舆论环境和社会氛围。

(北京市怀柔区委社会工委区民政局)

平谷区社会工作人才队伍建设报告

近年来，区委社会工委区民政局按照市、区有关加强社会工作人才队伍发展的工作要求，以培养造就一支高素质的社会工作人才队伍为目标，加快社会工作人才队伍专业化、职业化发展步伐，围绕社会工作人才队伍培养、使用、评价、激励等工作主线，着力在规范管理、素质提升、环境优化等方面加强队伍建设。

一、平谷区社会工作人才队伍的基本现状

（一）专职社区工作者队伍

截至2018年底，平谷区滨河街道、兴谷街道、渔阳地区、马坊地区、夏各庄镇5个街镇（地区）所辖37个城市社区共有社区工作者457名。从性别比例看，男性89人，占总人数的19.47%，女性368人，占总人数的80.53%；从年龄结构看，平均年龄37岁，其中30岁以下的72人，占总人数的15.75%；30—39岁的226人，占总人数的49.45%；40—49岁的123人，占总人数的26.91%；50岁及以上的36人，占总人数的7.88%；从学历看，硕士7人，本科282人，大专145人，高中（中专、中技）23人，大专以上学历占95.0%；从职业资格水平看，社会工作师93人，助理社会工作师147人，社会工作师取证率（包括社会工作师和助理社会工作师）达52.5%。社区工作者学历水平和取证率两项指标均在全市居于前列。从岗位分布看，社区正职

(包括社区党组织书记、居委会主任、服务站站长,37 个社区均为一肩挑)37 名,副职(副书记、副主任、副站长)87 名,一般工作人员 333 名。

(二)专业机构社工队伍情况

截至 2018 年底,平谷区 18 家社会工作专业机构共有社工 108 人。从性别比例看,男性 32 人,占总人数的 29.6%,女性 76 人,占总人数的 70.4%;从年龄结构看,平均年龄 32 岁,其中 30 岁以下的 51 人,占总人数的 47.2%;30—39 岁的 36 人,占总人数的 33.3%;40—49 岁的 17 人,占总人数的 15.8%;50 岁及以上的 4 人,占总人数的 3.7%;从学历看,硕士及以上 13 人,本科 49 人,大专 43 人,高中(中专、中技)3 人,大专以上学历占 97.2%。

二、平谷区社会工作专业人才队伍建设情况

(一)规范招录方式,改善队伍结构

为了提升专职社区工作者的素质,平谷区本着“公开、公平、竞争、择优”的原则,严格按照招考录用办法和招录程序向社会公开招录社区工作者。通过公开招录,平谷区从高校毕业生和职工中招聘了一大批高水平、高学历、高素养的人才充实到社区工作第一线,从源头上强化社区工作者队伍的年龄和知识结构。2009 年至今,共招聘大学生社工 300 余名,基本做到了每个社区有 6—7 名大学生社工。

(二)强化教育培训,提升职业技能

为了提升社会工作人才队伍服务的专业化与职业化水平,结合平谷区实际情况,多措并举,开展多项社工培训活动,不断提升社会工作者的服务意识和服务水平。平谷区建立了自主学习、集中辅导、研讨交流相互结合的培训方式,分层次、分专业对社区工作者进行培训。2009 年至今,每年组织不低于 40 个学时的社区工作者集中培训,相继开展了社工业务技能培训、“万名社工培训”、“社会工作师”取证专项培训,培训内容包括社区工作相关政策法规、专业知识、操作实务等。此外,区委社会工委、街道办事处、社区

居委会紧密配合，通过多种培训方式，研究解决社区建设中的重点难点问题，提高社区工作者的政策理论水平和服务管理能力。同时，鼓励广大的社区工作者继续学习相关的专业知识，考取社会工作师资格。健全的培训机制极大地推进了平谷区社区工作者队伍的专业化、职业化进程。

（三）完善考评制度，健全激励机制

为着力提升社工人才队伍管理的规范化与精细化水平，不断健全管理体制、运行机制，规范全区社工人才队伍的管理使用。区委社会工委根据《北京市社区工作者管理办法（试行）》的文件精神，结合平谷区实际，建立了完善的社区工作者管理制度，明确了组织评价和居民评价相结合的考评制度，并将考评结果与奖励挂钩，形成以居民满意度为衡量标准的激励机制，从而充分调动社区工作者在服务管理工作中的积极性。各社区班子广泛吸纳社工中的优秀人才，增强社工队伍的凝聚力和影响力，实现社工队伍自我管理、自我服务和自我发展。

（四）规范工资待遇，稳定社工队伍

根据北京市社会建设领导小组办公室《关于进一步规范社区工作者待遇的通知》的精神，提升社工人才队伍发展的稳定性与持续性。区委社会工委会同区财政局、人力社保局等有关部门，在2009年、2010年、2012年、2016年、2018年连续5次对社区工作者的待遇进行了规范，进一步健全了社工待遇保障机制，有效提升了社工队伍的凝聚力和向心力。截至2018年底，按照《关于印发〈关于进一步规范社区工作者工资待遇的实施细则〉的通知》（京平社发2019年3号）要求，社区正职月平均应发工资10866元；社区副职月平均应发工资9284元；一般工作人员月平均应发工资8077元；平谷区社区工作者总体待遇水平达到了上一年度（2017年）北京市职工平均工资水平（8467元/月）。同时，激励社区工作人员考取社会工作者国家职业资格证书，按照助理社会工作师每人每月最低240元，社会工作师每人每月最低400元的标准予以补贴。

三、平谷区社会工作人才队伍建设中存在的问题

（一）社会工作的认知度不高

社会工作并不是一个新职业，但对于不少人来说是一个新的名词，人们对什么是社会工作，社会工作范围、工作方法都比较模糊。不少人对社会工作的专业化和职业化认识不充分，没有认识到社会工作是一个运用科学方法开展工作的职业。这些认识上的不充分制约着社会工作人才队伍建设。

（二）社会工作从业人员的专业素质不强

社会工作从业人员虽然在实际工作中积累了不少社会工作经验，在特定情况下发挥了重要作用，但由于绝大多数社会工作从业人员未接受过专业培训，工作方法还不够丰富，难以适应现代社会对社会工作的要求，不能提供个性化、多样化、系统化的服务，无法有效应对和解决新的、复杂的社会问题。

（三）社区工作者任务过重

专职社区工作者所承担的工作任务除了本职工作，来自各个层面、各个部门，经常性的、临时性的工作难以计数。大家形象地比喻："下面一根针，上面千条线。"这种状况既影响了社区居委会、服务站功能的发挥，对社区工作者队伍的良性发展也有一定的阻碍作用。

四、加强平谷区社会工作人才队伍建设的对策建议

（一）抓典型宣传，扩大社会工作影响力

一是大力宣传优秀社工事迹。结合首都"最美社工"评选活动，对获得首都"最美社工"和"优秀社工"荣誉称号的社工在区电视台、《平谷报》等媒体进行大力宣传，不断提升社工人才的职业声望和社会影响。

二是实施专业社会工作创新项目。指导社工事务所在街道开展购买专

业社工岗位项目和社区督导项目,项目服务主要涉及扶老助老和青少年教育两个领域,通过服务的开展,让更多的人了解社会工作。

三是通过举办征文比赛、演讲比赛、知识竞赛、才艺表演等多种形式的社区工作者风采大赛,激活社区工作者的工作热情,增强社区工作者爱岗敬业、奉献社区的责任感和自豪感。

(二)抓规范管理,建立健全各项规章制度

一是健全信息管理系统。依托平谷区电子政务外网,进一步完善"平谷区社区工作者信息管理系统",完善全区社区工作者基础信息录入工作,实现社区工作者队伍信息化、动态化管理。

二是试行编制化管理。试行社工编制化管理,以社区总户数为依据,确定各社区工作者岗位总数,严格控制社区工作者总量。

三是规范招录程序。每年年初组织相关街道(地区)汇总全区社区工作者整体缺编情况,并报区人力社保局统一进行公开招聘,录用人员实行统一分配。

四是规范日常管理。修订《平谷区社区考评办法(试行)》和《平谷区社区工作者考评办法(试行)》,规范社区工作者管理、培训、考评机制。

(三)抓教育培训,提升社工队伍综合素质

一是按照北京市"社区工作者万人培训计划"要求,开展社区工作全员培训和新入职社工培训,采取专家辅导、专题讲座、现场观摩、外出参观等方式,不断提升社区工作者能力和素质。

二是做好北京城市学院社会工作硕士专业学位研究生能力提升班、国家行政学院社会工作硕士专业等社会专业学历报名和组织工作,进一步提升社工队伍学历水平和专业能力。

三是积极引导和鼓励社区工作者参加国家社会工作者(社会工作师、助理社会工作师)职业水平证书考试,提升社工队伍职业化水平。同时,通过联系专业老师举办辅导讲座、考前辅导、发放相关教材等形式,做好职业水平考试组织服务工作。

（四）抓待遇提升，改善社工人才职业环境

一是按照全市统一安排，进一步调整和规范社区工作者工资待遇，建立社工工资增长机制，按照社区工作者整体工资待遇水平不低于上一年度北京市职工平均工资的标准，对全区社区工作者工资进行调整，进一步提升社工待遇水平。

二是鼓励街道（乡镇）从优秀社区党组织书记、居委会主任中选拔干部，打通社区干部晋升渠道。积极推荐优秀社区干部担任党代表、人大代表和政协委员，提升社工队伍的社会影响力。

（北京市平谷区委社会工委区民政局）

延庆区社会工作发展报告

近年来,社会工作在我国获得了长足发展,其中民政领域社会工作发展最为显著。根据市民政局的相关文件精神和工作要求,延庆区积极做好社会工作,引入社会工作服务参与民生服务,大力发展社会工作人才队伍,不断推进全区社会工作快速发展。

一、社会工作人才队伍建设情况

社会工作者作为社会服务管理的一线人员,在解决社会问题,化解社会矛盾,调节社会关系,促进社会发展等方面发挥着不可替代的作用。延庆区一直以来高度重视社工人才队伍建设,在市委社会工委市民政局的正确指导下,通过构建制度保障和人才培养双体系,提高队伍能力素质,营造良好工作氛围,打造了一支高素质、职业化、专业化的新时代社工人才队伍,为全区各项中心任务和社会服务管理工作提供了坚强的一线人才保障。

(一)社区工作者队伍建设情况

2019 年 5 月,延庆区民政局社会工作人才中心正式设立,以社会工作人才队伍建设为抓手,推动专业社会工作逐渐发展。目前,全区社会工作专业人才近千人,其中,有社区工作者 508 名,包含所属街道(乡镇)社区工作者 472 名,平均年龄为 31 岁,学历均达到大学专科及以上水平。

（二）主要做法

1. 规范社区工作者队伍建设

研究制订《关于进一步规范北京市延庆区社区工作者工资待遇的实施办法》《延庆区社会工作者规范及社区工作者管理工作方案》。协调解决社区工作者生育津贴申领问题，使街道（乡镇）管理使用社区工作者有章可循。全区 58 名党建助理员转任成为社区工作者；2020 年从协管员队伍中新招录 76 名社区工作者，进一步充实基层服务力量。

2. 整合资源，统筹管理，推进社会工作人才队伍建设

截至目前，全区社会工作专业人才近千人，专业从事社会工作的社会组织达 10 家。按照延庆区“十三五”人才发展规划要求，以社会组织管理人才、专职社会工作人才为重点，培养造就一支规模适当、结构优化、布局合理、素质优良、专业化、职业化的社会工作人才队伍。依托年度社会工作者职业水平考试，积极宣传鼓励社工参加社会工作者职业水平考试和继续教育，组织落实考试报名、考前培训以及持证社工参加继续教育。据统计，延庆区持有国家社会工作者职业水平证书的人员达 407 名，比“十二五”期间增长了 22%。

3. 社会工作人才培养方式不断创新

通过举办每年一度的“社工宣传周”“社工文化节”，开设“社工学堂”、开展社区志愿服务“春风行动”、社工才艺风采展示、开展“在社工岗位上”征文比赛、延庆区“十大最美社工”评选活动；推荐全区优秀社工参加全市的“百名社会工作师培养计划”“专业社会工作高级研修班”等活动，凝聚社工队伍士气，充分展示和提高社工的专业能力和综合素质，不断扩大社会工作的影响力，不断创新社会工作人才的培养方式，拓宽社会工作人才专业化、职业化发展道路。

4. 社会工作人才队伍活力进一步被激发

激发了社会工作人才队伍的工作热情。社会工作人才队伍立足岗位争当优秀，无私奉献、敢挑重担的意识明显增强，在自己的岗位上积极创建党员先锋岗、青年文明岗、巾帼维权岗，在工作之余积极为延庆区快速发展作出了突出贡献。

二、社会工作培训情况

(一)社会工作人才队伍培训

社会工作人才队伍综合素质得到了提高。结合全区社会工作任务和目标,以提高社会工作人才队伍的综合能力素质为手段全面开展各种培训活动,如开展“乡土社工”培训、社区工作者轮训、社区工作者职业水平考试考前培训等,培养了高素质的社会工作者人才,做好了各相关部门及社区党支部、居委会人员的选配等相关工作。特别是社区工作者已成为社区建设的主力军,他们在环境卫生、综合治理、计划生育、文化体育等社区建设的各个方面发挥了重要作用,成为和谐社区建设不可或缺的力量。

(二)社区工作者党组织书记培训

一是开展社区党组织书记党建引领基层治理专题培训班、基层党建工作专题培训班。邀请专家学者集中授课,结合社区党建工作存在的热点难点问题,深入研讨党建引领基层治理的方式方法,提高基层党建工作者推动党建工作的能力和水平。二是开展“书记沙龙”活动。分批次组织全区社区党组织书记赴市区参观交流,学习兄弟区先进的工作理念和工作方式,多角度提高社区工作者的工作能力。

三、开展社会工作服务项目情况

(一)规范服务项目,推进社会工作

从2019年起公开面向全区征集社会工作服务项目方案,并通过集中评审,确定社会组织并在网上进行公示。召开项目研讨会,进一步细化社会服务项目实施方案,与社会组织签订合作协议,启动社会服务项目。几年来,分别在3个街道开展专业社会工作岗位、服务示范岗建设及新建社会工作事务所扶持培育项目。

（二）拓展社会组织联动机制，推进社会工作

通过政府购买社工机构服务的方式，面向社区儿童、青少年、妇女、老年人、流动人口、困难群体等开展专业社工服务。2020 年，延庆区暖心之家社会工作事务所建立社区青少年暖心信箱，展开家庭教育及心理健康为主题的知识讲座；延庆区鹏鲲社会工作事务所依托街道示范岗社会服务项目，搭建社会组织培育孵化平台，为香水园街道所属 2 个社区，培育孵化发展 3 家服务型社区社会组织；延庆区精诚社会工作事务所针对儒林街道社区内的困境儿童家庭、双职工家庭、外来务工人员家庭中的学龄儿童提供社区补充式教育；延庆区启明星社会工作事务所利用重阳节开展“晴暖夕阳”关爱老年人服务项目，对延庆区珍珠泉乡八亩地村高龄老人、特困老人、老党员共计 44 户开展重阳入户慰问活动。

（三）工会服务站推进社会工作

社会工作者依托区总工会工会服务站，指导辖区单位企业参加职工互助保障活动，核实受助人医疗理赔信息，做好职工互助保障工作。承办“12351”热线派单，协助调解劳动纠纷。协助服务中心做好服务职工工作，积极参与基层工会开展的“技能助推、法律服务、文体推介、医疗互助、健康促进、职业康复、意外保障、心理关爱、困难帮扶、母婴关怀”10 个品牌服务项目活动。

四、存在的问题及建议

几年来，在区委、区政府的正确领导下，以及市民政局的关怀指导下，延庆区在社会工作方面取得一定成绩，但还存在着一些不足，有待提高、推进。

一是社会工作人才队伍不够完整。社会工作专业人才是具有一定社会工作专业知识和技能，在社会福利、社会救助、慈善事业、社区建设、婚姻家庭、精神卫生、残障康复、教育辅导、就业援助、职工帮扶、犯罪预防、禁毒戒毒、矫治帮教、人口计生、纠纷调解、应急处置等领域直接提供社会服务的专

门人员，而延庆区“十三五”时期主要发展了社区工作者队伍，虽然也曾有过司法社工、禁毒社工、工会社工、残联社工等，但最终都整合为社区工作者，不利于今后社会工作人才队伍的全面建设。建议未来要逐步解决片面发展社区工作者这一支队伍的问题，确保社会工作人才队伍全面发展。

二是社区工作者对于社区服务工作，特别是在组织社区居民、解决社区问题、促进社区融合等方面具有十分重要的意义，但延庆区社区工作者整体能力素质不高，缺少受过系统专业教育的社会工作者，这是影响社区治理效果的重要因素。同时，还存在体制机制和政策制度不够完善，保障激励较少，社区融入不足，培训力度不大，缺少社会尊重等问题，造成了延庆区优秀社会人才的流失，对社区工作者队伍的稳定和发展产生了不利影响。今后，一要加大社区工作者的培训力度，提高运用社会工作专业知识和方法解决问题的能力。二要加大宣传力度，积极拓宽社区人才队伍的来源渠道，吸纳一批年轻的高素质的社会人才充实到社区工作者队伍中，实现社区工作人才队伍健康发展。三要建立健全选拔任用、竞争激励、考核约束等相关机制，积极倡导社区工作者通过自身努力，提高社会地位、职业威望，赢得社会广泛的尊重。

（北京市延庆区委社会工委区民政局）

第四篇 分主题社会工作发展报告

北京社会工作参与扶贫攻坚“牵手计划”工作报告

为深入贯彻落实党的十九大精神，按照《民政部、财政部、国务院扶贫办关于支持社会工作专业力量参与脱贫攻坚的指导意见》（民发〔2017〕119号）、《民政部社会工作服务机构“牵手计划”实施方案》（民发〔2017〕160号）等文件要求，2018—2020年，北京市民政局选派优秀社会工作服务机构，牵手帮扶内蒙古自治区、河北省贫困地区培育发展本土社会工作服务机构，培养社会工作专业人才，带动协助贫困地区为特殊、困难群众提供社会工作服务。

一、总体情况

2018年是社会工作服务机构“牵手计划”服务项目开展实施的第一年，按照《民政部办公厅关于做好首批社会工作服务机构“牵手计划”实施工作的通知》（民办函〔2017〕281号）要求，北京市民政局迅速组织落实相关工作，并在民政部分配的30个帮扶工作任务外，主动增加2家社会工作服务机构牵手张家口地区和雄安新区，支援冬奥会张家口地区和雄安新区建设。全年共援派96名社工开展488次示范性服务，培养当地社会工作专业人才1879人次，培育孵化18家社会工作服务机构，受益人数达2万。

2019年是“牵手计划”承上启下、扎根服务的关键一年。年初，市民政局就京蒙“牵手计划”服务项目有关事项与内蒙古民政厅党组成员、副厅长索耀乐等同志进行座谈交流，明确了项目的重点方向、工作措施和任务时限。在2018年工作基础上，设立了项目管理办公室，进一步强化过程评估和结项审计，扎实推进项目实施。2019年，共援派102名社工开展978场次示范性服务，培养当地社会工作专业人才1924人次，培育孵化13家社会工作服务机构，受益人数达2万。

2020年既是决战脱贫攻坚、决胜全面建成小康社会的收官之年，也是“牵手计划”项目实施的最后一年。面对新冠肺炎疫情突然暴发，援派机构人员无法出京等现实困难，项目管理办公室迅速调整工作方法应对客观条件变化，指导援派机构通过“腾讯会议”“钉钉直播”等线上平台，为受援机构提供培训、督导、心理疏导等远程服务，并积极链接资源为受援地提供口罩、酒精等防疫物资。在疫情得到有效控制后，及时组织32家机构到受援地开展线下服务。2020年，共援派102名社工开展1155场次示范性服务，培养当地社会工作专业人才1989人次，培育孵化15家社会工作服务机构，受益人数达3.7万。

3年来，在民政部的有力指导以及河北省、内蒙古自治区民政系统的大力支持下，援派机构结合受援地实际需求，共策划开展了96个服务项目，开展个案服务、小组活动、社区活动、督导服务、志愿服务等示范性服务2621场次，培育孵化发展社会工作服务机构46个，新建改扩建社会工作站51个，开展社会工作专业培训791期，培养当地社会工作专业人才5792人次，受益人数达7.7万。实现了助力当地提高社会工作服务水平，推动社会工作专业力量在脱贫攻坚工作中发挥积极作用的既定目标。

二、经验做法

(一)围绕中心，发挥首都优势

北京作为首善之区，坚持党建引领，围绕脱贫攻坚中心任务，充分发挥首都机构、人才、教育、经验等资源集聚优势，按照政治过硬、资质过硬、专业过硬的标准，从报名推荐的近百家社会工作服务机构中择优遴选出32家，精心组织实施“牵手计划”。发挥首都高校的师资优势，通过“走出去、请进来”

等灵活方式，为受援地开展多层次、多领域的专业社工培训，持续提升受援地社会工作人才专业能力；发挥社会组织的示范作用，帮助受援地孵化社会工作服务机构，为社会工作专业人才搭建平台，提供专业督导；发挥社会企业优势，加大对受援地资金和物资的帮扶力度，形成多元帮扶主体参与、多种帮扶形式并举的局面。

（二）高度重视，强化组织领导

北京市民政局始终高度重视社会力量参与脱贫攻坚以及对口支援帮扶工作，将“牵手计划”工作纳入扶贫协作和支援合作工作要点、京津冀社会工作发展战略合作框架协议等重点工作任务。2018 年成立了北京市民政局社会工作服务机构“牵手计划”领导小组；2019 年完善了领导小组的组织架构，明确了组织领导机制；2020 年提出持续加大帮扶力度，建立长效机制，抓好总结宣传，一鼓作气、乘势而上，坚决助力受援地区打赢脱贫攻坚战和新冠肺炎疫情防控阻击战的工作思路，为工作开展奠定了坚实的组织保障。

（三）充分投入，落实资金保障

为确保支援服务实施，参照市委组织部援疆援藏工作相关政策和中组部、民政部“三区人才支持计划”有关做法，落实援派社工机构人员待遇、项目等经费。3 年来，共投入 747 万元项目资金（每年每机构 7.781 万元），通过以奖代补方式对援派机构给予补助，用于人员工资、服务经费、人身意外保险费、交通费、通信费等日常工作支出经费。同时划拨专项资金 67 万元，用于项目评估、督导、培训、审计等项目管理和支持工作，确保服务项目顺利开展。

（四）严格管理，确保帮扶效果

在帮扶任务上，要求各社工机构严格按照统筹推进机构发展、人才培养、项目实施和制度探索等目标，根据受援地区实际情况编制社会工作服务项目任务书和绩效指标。在监管指导上，组织专家团队定期提供专题培训，开展实地走访检查，对项目实施进行立项、中期和结项评审工作；制定年度项目管理手册,细化各项工作任务,对项目实施的人员、档案、财务、服务等管理细则提出明确要求;完善《社会工作服务机构牵手计划评估办法》,对各项目进行全过程监测、专业督导及项目资料管理等工作,扎实开展管理评估,严格落实相关规章制度。在财务管理上,严格执行资金使用规定,聘请第三方审计机构对项目财务管理和资金使用进行跟踪指导,开展专项财务审计,确保经费使用成效。上述措施有效保障了项目实施的科学性、合理性和规范性。

(五)注重宣传,推广经验典型

一是建立信息报送制度和沟通交流机制。及时收集工作信息和材料,总结一线经验做法和工作建议,形成工作简报;每年组织援派机构开展 2 次经验做法交流座谈,搭建相互借鉴、优势互补的交流平台,有效促进社工机构提升帮扶能力。二是重大活动中述说“牵手”成果。在北京社工宣传周主题活动、“最美社工”评选、“12·5 国际志愿者日”启动仪式等全市大型活动中安排“牵手计划”社工代表分享帮扶故事,将帮扶成果进行多角度、多领域的宣传推广,提升社会影响力。三是不断加大媒体宣传。依托《中国社会报》、《中国社会工作》杂志、《北京社区报》、“北京社工”微信公众号以及帮扶机构微信公众号等载体,对“牵手计划”实施过程中涌现出的先进事迹、优秀人物、典型经验等进行广泛宣传,3 年共计报道 1036 次,营造了良好的社会支持氛围。

三、工作成效

(一)推动受援地区社会工作发展

1. 扶持培育社会工作服务机构

援派机构通过政府购买服务、公益创投、项目合作、专业扶持等方式,与当地民政部门、社会组织审批部门紧密合作,孵化培育符合当地情况,能够有效服务当地的社会工作服务机构。在整合现有资源,新建、改扩建基础上支持成立社会工作服务站,帮扶受援机构和社工服务站提升内部治理、专业服务、资源整合和组织发展能力,夯实受援地区社会工作发展基础。

2. 帮助培养社会工作专业人才

援派机构发挥各自优势，将社会工作经验、资源输入受援地。通过线上辅导、网络教学、聘请专家到一线为基层干部面对面授课等形式，广泛开展社会工作专业培训，强化社会工作价值理念、传授社会工作方法技巧，提升了当地社会工作人才的专业服务能力、资源链接能力、服务项目运作水平，促进了社会工作专业人才成长。

3. 带动实施社会工作服务项目

引入项目化管理和运作机制，协同当地志愿服务力量，带领受援机构以“志工＋义工”联动模式开展可复制可移植的示范性社会工作服务项目，一些项目在当地产生了热烈反响。北京市朝阳区七彩昀社会工作事务所帮扶内蒙古正镶白旗小城大爱义工协会链接慈善资源开展“爱助事实孤儿”“成长陪伴计划”项目，为112名事实孤儿提供32.44万元救助资金；北京大智云社会工作发展中心在河北省张北县红枫叶老年公寓的“两站、六坊、三中心”帮扶行动，推动当地社工机构队伍建设和发展。在共同服务的过程中，帮助受援机构提升了独立策划、执行、评估社会工作服务项目的能力。

4. 助力受援地区社会工作可持续发展

援派机构以制度建设为主线，协助受援机构完善内部管理体系，并积极帮助培育发展的社工机构申请政府采购项目，“牵手”慢慢向“放手”转变。北京先河社会工作服务中心的“一牵、一孵、七链接”帮扶模式，积极链接北京资源，帮助内蒙古察哈尔右翼中旗新孵化的社工组织成功获取政府项目；北京市平谷区博阳社会工作事务所协助河北省蔚县慈善总会申请公募资质，提升筹款能力，募得100余万元用于疫情期间救助、10万余元用于困境儿童救助。3年的牵手帮扶让部分受援机构具备了独立设计项目、实施项目、链接资源的能力，走上可持续发展道路。

（二）助力贫困地区脱贫攻坚

围绕助力脱贫攻坚这一中心任务，援派社工发挥组织协调、资源链接、宣传倡导的优势，帮助受援地区贫困群众实现增收，并引导贫困群众产生“我要脱贫”的意识，培育其自身解决问题的能力。丰台彤心社会工作事务所帮助受援旗县与上市公司建立长期扶贫产品采购合作协议,年销售额超过200余万元,238户贫困人口实现脱贫目标;北京众和社会工作事务所协助河北省邢台市巨鹿县成立杨武乡村残疾人"爱心慈善超市和社区工厂",通过"以劳换券"调动当地村民脱贫攻坚的积极性、主动性。社会工作"助人自助"的专业理念在确保精准扶贫、提高内生动力、推进可持续发展等方面发挥了积极作用。

(三)锤炼首都社工意志品质

在服务国家战略,牵手帮扶贫困地区的过程中,参与服务的首都社工(300人次)面对艰苦环境,彰显了敢为人先、冲锋在前的品质;面对困难挑战,显示了勇于探索、灵活应对的能力;面对疫情风险,展现了毫不退缩、积极作为的勇气,经受住了各种考验。三年的牵手帮扶为北京社会工作专业人才提供了锻造作风、锤炼本领的机会,充分证明在打赢脱贫攻坚战的关键时刻,首都社工能够站得出、冲得上、扛得住、干得好。

四、下一步工作

(一)立足当前、着眼长远,保持"牵手计划"的可持续

从现阶段牵手成效来看,部分帮扶孵化出来的社工机构开始承接政府项目,提供培训、帮扶、社会救助等服务,但机构仍处于发展的初始阶段,面临着缺乏经验和专业技巧的困境,后续工作需要大量的督导支持。北京市将通过继续牵手、机构联动等方式为其提供专业支持,也将继续开放北京的人才资源、教育资源,为当地机构成长和人才培养保驾护航,助力提升机构可持续发展能力。

(二)总结反思、巩固成果,梳理"牵手计划"的好模式

目前,北京社会工作发展存在着不平衡不充分的问题,有一些服务机构需要进一步提升专业服务能力、拓展服务范围,有一些地区尤其是农村地区

需要进行社会工作本土化探索实践，有一些领域需要社会工作的融入。下一步将对“牵手计划”中培育孵化社工机构、因地制宜开展社会服务、机构互促共建资源共享方面的模式予以全面梳理，总结提炼，形成推动社会工作发展的经验参考，并进一步对优秀机构、优秀社工的典型事迹进行宣传推广。

（三）紧盯目标、抓住人才，实现社会工作高质量发展

党的十九届五中全会提出了构建新发展格局、实现高质量发展的重大任务，北京市社会工作也将顺应新时代要求，在改善民生、加强和创新社会治理方面作出新的努力，实现高质量发展。北京市将围绕全市乡镇（街道）社会工作站“十四五”期间全覆盖的建设任务，给予“牵手计划”援派机构更多的发展空间，在提供社会工作服务中进一步发挥示范引领作用；重点培养一批乡镇（街道）优秀社区社会工作者，充分发挥市社会工作人才队伍建设联席会议作用，推动各领域人才队伍专业化、职业化发展，为实现北京市社会工作高质量发展提供人才支撑。

（北京市委社会工委市民政局）

北京社会工作参与新冠肺炎疫情防控工作报告

新冠肺炎疫情发生以来，北京市认真贯彻党中央决策部署和市委工作要求，把疫情防控作为当前头等大事和最重要的工作，积极组织动员社会工作者和志愿者参与疫情防控工作，有力支援了全市疫情防控整体工作。

一、加强社工和志愿者参与疫情防控工作指导

向全市发出《关于社会工作者、志愿者参与新型冠状病毒感染的肺炎疫情防控工作的倡议书》，就社工和志愿者如何参与防控工作提出“服从统一部署、立足服务本地、配合社区防控、发挥专业优势、动员社会力量、协助宣传引导、做好自身防控”7点倡议。2020年2月18日，北京市委社会工委市民政局印发《关于加强社会工作和志愿服务参与疫情防控工作的通知》，进一步明确社会工作者和志愿者参与疫情防控激励保障措施，确保社会工作者和志愿者在参与社区值守、入户探访、疫情排查等工作时，防护措施安全到位。

二、指导市级“枢纽型”社会组织发挥作用

指导北京社会工作者协会发挥“枢纽”作用，动员广大社会工作者和社工机构参与疫情防控工作。

（一）搭建“三个平台”

一是搭建社工机构抗击疫情信息平台。建立由市委社会工委市民政局社工队伍处、北京社会工作者协会、各区委社会工委区民政局、各区协会共同组成的“抗击疫情工作群”，及时掌握工作进展、传达工作要求。二是搭建“北京社工＋抗疫心理”志愿服务平台。全市40余家社会工作者机构的362名心理咨询师、专业社会工作者发挥专业优势，凝聚专业力量，在志愿北京、北京社工、北京社会工作者协会提供的平台向公众免费提供心理咨询、情绪疏导、关系调适、危机干预等服务，累计服务42390余人次，服务总时长21190多小时。三是搭建各区社工机构分类管理信息平台。通过各区信息报送，实时掌握各机构人员情况。

（二）推进“三项措施”

一是在“北京社工”微信公众号向全市社工发出一封信，号召全市社会工作者参与区域防控、做好科学防护、党员干部带头等。二是发出相关通知，要求各社工机构和社会工作者快速回应疫情带来的社区服务需求，因地制宜地提供社会工作专业和志愿服务。三是发布《疫情防控社会工作服务指导手册》《关于做好社会工作机构人员疫情防控分类管理工作的建议》，为广大社会工作者积极参与疫情防控工作提供专业支持。全市共有157家市区级社会工作服务机构、4350余名社会工作者参与了1890个社区（村）的疫情防控工作，协助社区（村）设卡登记195957人次、排查追踪28546人次、消毒消杀2140余次、发放防疫物资23996件、印制发放抗击疫情宣传资料3.7万份，奔赴各小区楼门宣传普及防控知识48507人次，为303户特殊群体上门提供防控服务，向疫区捐赠现金4.6万元和防疫物资5.52万件，走访排查481833户629719人次，线上举办专业防疫知识培训社区社工3500人次；链接新发地蔬菜供应社区直通车为城六区130余个封闭社区送菜9600多车；直接服务社区居民836800人次。

截至2020年6月14日，指导各区、各组织通过“志愿北京”信息平台累计发布“爱满京城　共同战疫”项目7683个，招募志愿者227802人，对所有项目内容进行核实,引导各组织按照当地党委和政府的安排,根据工作需要调动志愿者,做到有序行动。

三、指导各区动员社工和志愿者参与疫情防控

指导各区委社会工委区民政局、区社工协会结合本区情况,充分发挥社会服务机构扎根基层、服务社区的工作基础和专业优势,通过建立完善的“三社联动”服务机制,引导社会工作者协助基层党委政府有效识别居民需求,帮助社区建立完善支持和服务体系,重点为独居、空巢、高龄老人以及困境青少年、密切接触者等有需求的社区居民、社区工作者和医务工作者等人员及其家属,提供困难救助、心理疏导、关系调适、资源链接等社会服务。一是参与社区疫情防控。北京融合益拓社会工作事务所、北京市乐齐社会工作发展中心等多家机构参与社区值守、疫情监测、信息报送等工作,筑牢疫情防控的基础防线。二是宣传凝聚正能量。北京市近邻社会工作发展中心、北京渡人社会工作发展中心等机构依托网站、微信、抖音等新媒体宣传平台,加强防控知识宣传,引导社会公众消除恐慌心理。三是服务困难群众。北京市协作者社会工作发展中心开展“农民工抗疫救援行动”,对困境农民工家庭开展线上课堂活动,发放防疫物资并进行生计救援;北京中青社会工作发展中心等机构对特困供养人员、困境儿童和个案帮扶困难群众进行电话回访和生活帮扶;北京云家社工心理事务所、中鼎社会工作事务所等向困境儿童家庭开展心理健康和心理热线服务。四是援助武汉疫区。北京大智云社会工作发展中心等机构发起抗疫“手写书信”志愿祝福行动,支持武汉洪山区珞南街道相关社区抗疫。

四、加强社工行业参与防控工作典型事迹宣传

加强社工和志愿者参与疫情防控工作典型事迹宣传,创作发布《北京社工战疫情》歌曲 1 首、诗歌 20 余首,收集社工抗疫优秀案例 32 个,优秀抗疫社工故事 46 篇,拍摄制作《众志成城战疫情　北京社工在行动》宣传片 1

部。充分利用《北京日报》《社区报》《公益时报》、北广传媒、《城市播报》等多媒体大力宣传社工抗疫先进事迹，推出访谈报道 14 篇、抗疫个案案例 7 个、抗疫故事 20 篇、经验报道 18 篇、专题报道 4 篇(共计 56 篇)。仅 3 月 17 日，关于“国际社工日”北京地区，媒体共报道 140 余次，其中包括 BTV－1《北京您早》栏目、《北京日报》、千龙网、京报网、《北京日报》客户端等北京本地媒体；人民网、中国新闻网、环球网、法制网、中工网、新京报网、首都文明网、和讯网、东方网等主流新闻媒体；新浪新闻中心、搜狐网、一点资讯、腾讯网等门户网站，有效地提高了社会工作知名度和影响力。

五、链接资源为一线社会工作者提供保障

积极整合社会资源，为全市社会工作者和志愿者参与防控提供保障。一是为参与防控的社会工作者提供免费防疫保险。依托北京社会工作者协会，链接益宝横琴防疫保险项目，为全市参与防控的社工提供因感染新冠肺炎导致身故和住院治疗保险。二是为参与防控的社工和志愿者提供出行和消毒防护保障。链接“哈啰出行”，开展“抗击新冠疫情　助力社工出行”项目，在北京市投放 2000 辆社工专用电动助力车，供社会工作者开展排查、走访、辖区出行。链接资源向各区捐赠价值 10 万元的消毒液、2 吨 75% 医用酒精、2000 只医用口罩等防疫物资。三是为志愿者提供防疫保险。会同市志愿者联合会 2 月 8 日起在原有志愿者保险保障的基础上，面向北京市所有实名注册志愿者，额外扩展新冠肺炎感染导致的身故保险责任。根据民政部赠险工作通知，为北京 21127 名防疫志愿者赠送专项保险。

六、有序推进社工行业复工复产

一是依托各区社会工作协会指导社会服务机构采取灵活的复工形式，包括开展线上服务、网络服务以及部分与社区疫情相关的合作服务，稳定行业工作岗位。二是加强对社工行业情况摸排，调研社会工作服务机构复工复产的困难和问题，有针对性地帮助机构解决问题。三是推动互联网与社

会工作的深度融合,做好服务需求与供给的对接,为取得抗疫阶段性胜利和有序复工复产提供有力支撑。北京市启动2020年“牵手计划”实施工作,选派32家社会工作服务机构(内蒙古20家、河北12家,其中包括支援冬奥会张家口地区和雄安新区建设各2家)支援河北省、内蒙古自治区两地开展“牵手计划”。2020年4月9日,指导北京社会工作者协会以召开视频会议的方式,为32家社工机构项目人员开展“牵手计划”项目立项前的辅导培训工作,提高项目实施的针对性。2020年工作将重点围绕受援地区新冠肺炎疫情防控工作,指导社工机构运用专业社会工作理论、方法开展专业社会工作服务。

(北京市委社会工委市民政局、北京社会工作者协会)

京津冀社会工作一体化协同发展工作报告

2015年4月30日，中共中央政治局审议通过了《京津冀协同发展规划纲要》。根据中央决策和北京市委社会工委、北京市民政局统一部署，北京社会工作者协会积极落实党中央“四个全面”战略布局和京津冀协同发展的重大国家战略，聚焦社会工作人才队伍建设做了大量的工作。几年来，坚持“壮大队伍、提升素质、发挥作用、党建引领”的工作思路，为全市社会工作从业人员和专业社工机构提供了多层次、全方位、高品质、专业化的服务，京津冀三地社会工作行业组织之间加强交流合作，互学互鉴、共建共享，优化整合资源，形成工作合力，在京津冀专业社会工作人才队伍建设方面形成了一些经验做法。

一、主动把握大局，构建合作框架，在协同发展中打破壁垒

《京津冀协同发展规划纲要》的实施，对京津冀三地乃至华北和全国的发展带来了不可估量的正面影响，在京津冀社会经济协同发展的同时，作为预防和解决社会问题的三地社会工作行业组织，如何积极解决新的社会问题，如何在围绕有序疏解非首都功能等方面主动发挥社会工作行业组织的作用，成为值得深思和研究的重大问题。在民政部、中国社会工作联合会（以下简称中社联）的倡导下，北京社会工作者协会（以下简称北京社协）主动与天津、河北社工同行沟通交流，开展京津冀社会工作人才队伍建设情况

调查,形成了"做好做强京津冀社会工作,必须以京津冀社会工作人才队伍建设协同发展为着力点"的共识。2016 年 4 月,中社联指导北京、天津、河北三地社工行业组织在京共同签订了"1 +4"框架协议,即《京津冀社会工作人才队伍建设协同发展框架协议》《京津冀社会工作资源共享框架协议》《京津冀社会工作者教育培训框架协议》《京津冀社会工作服务机构连锁发展框架协议》《京津冀社会工作信息建设框架协议》,组建了京津冀社会工作协同发展联合办公室,为深化三地在社会工作资源方面的共享与合作,提升三地社会工作协同发展的质量和水平奠定了坚实基础。

在京津冀社会经济协同发展的大背景下,作为预防和解决社会问题的三地社会工作,积极应对经济发展新常态,努力化解新的社会矛盾、解决新的社会问题,在协同发展方面发挥了积极作用。特别是在搭建信息资源、机构资源、人才资源、师资资源、培训资源、案例资源、项目资源等共享平台方面取得了明显成效。由于打破了地界壁垒,京津冀社会工作在 3 个方面呈现出共享合作新局面:一是在教育培训方面,三地逐步实现了顶层设计协同化、人才培养体系化、教育资源共享化、继续教育一证化、督导认证规范化、业务交流常态化。二是在信息建设方面,三地开展了社会工作服务项目、社会工作者培训项目、社会工作行业大数据分析、社会工作服务机构、社会公益融合创新等工作。三是在机构连锁发展方面,三地已有的品牌社工机构到第三方城市实现加盟式连锁,社工机构以项目团队形式先行服务。值得肯定的是北京市西城区社会工作联合会与天津南开、河北保定,北京市通州区民政局与天津武清、河北廊坊紧密合作,开展了一系列社工项目活动。目前,由于三地行业组织带头引领,北京、天津、河北部分区域的社会组织也相继签订了合作协议,打破壁垒,区域合作,一体化发展的格局正在逐步形成,各项工作正在稳步推进。

二、着眼三地实际,狠抓队伍建设,在区域融合中发展壮大

根据对京津冀三地社会工作行业发展情况的调研分析发现,京津冀三地专业社会工作处于不同的发展阶段,且具有不同的现状和特点。

从经济发展阶段看,北京已进入后工业化发展阶段,天津工业化基本完成,河北处于工业化中期。从产业结构上看,北京以服务业为主导,天津以加工制造业和港口服务业为主导,河北以资源密集型的重化工业和农业为主导。从城市群布局看,随着北京非首都功能的疏解、北京常住人口的严格控制、区域生产力布局的重新规划,以及产业结构的调整和升级转移,在三地必然和已经产生不同阶段的社会问题。例如,被调整产业人员的安置和重新就业问题;被搬迁单位员工和家庭的环境适应和社会融入问题;城镇化新布局下外来人口的家庭生计和子女教育问题;新的地区分工格局下三地民众的关系和利益调适问题;等等。这些社会问题如果不能妥善解决,必然影响京津冀协同发展目标的实现。因此,在京津冀社会经济协同发展的同时,作为预防和解决社会问题的社会工作,也应该且必须同步地、协同地发展。

近年来,我国社会工作制度框架初步确立,人才队伍不断壮大,服务平台日益拓展,专业实践持续深入,发展成效日趋显现,正步入全面深入发展的关键阶段。

北京市的专业社会工作,不论是行业组织,还是社会工作者队伍都有了长足的发展,呈现出5个新的特点:一是社会工作法制化,社会工作政策法规逐步完善,近两年出台了10余项政策法规。二是行业组织条块化,社会工作行业组织基本成形,16个区均实现了社会行业组织全覆盖。三是服务机构小型化,社会工作服务机构逐年增多,且有“小而精”的发展趋势。四是社工队伍规模化,社会工作专业人才队伍形成规模,全市每个社区都有数个数十人的专业社工队伍。五是继续教育精细化,社会工作专业人才培养措施有力,探索出一套“一分、二带、三位一体”的继续教育新模式,得到上级主管部门和广大持证社工的高度认可。

同时,天津市、河北省专业社会工作也呈现出蓬勃发展的三大特点:一是政策法制环境得以优化,社会工作政策法规建设从无到有、逐步完善,成为区域社会工作融合发展的重要法律依据和理论支撑。二是组织和服务机构得以发展,社会工作行业组织和服务机构从城市中心到区县乡镇,社工机构覆盖面已达到90%以上,城市社区基本实现了全覆盖,形成较为完善的行业组织体系。三是专业人才队伍得以壮大,社会工作专业人才队伍发展迅猛并逐步扩大,截至2018年底,天津、河北持证社会工作者人数均已逾1万人,本土专业社工总人数均已超过1.8万人,使专业社工队伍初具规模。

但总体上看,京津冀社会工作还处于起步爬坡的初级阶段。三地的社会工作还存在着发展不够均衡、制度不够完善、岗位不够明确、社会认知度不高、社会支持力度不大、专项资金投入不足等问题。社会工作专业人才、社会工作服务机构的数量和结构、服务能力和素质等与人民群众的社会服务需求还存在一定差距。解决这些问题将是"十四五"期间党建引领社会工作融合发展的努力方向。通过实现区域融合、壮大社工队伍、提高专业技能解决社会问题来提升群众满意度、社会认可度、资金支持度和社会影响力。

三、瞄准社会需求,主动担当作为,在创新实践中精准发力

为实现党中央《京津冀协同发展规划纲要》的战略目标,京津冀三地社工行业组织牢牢把握民政工作在社会建设方面的主体地位,紧紧围绕三地民政部门提出的"京津冀社会工作协同发展的10项工作"密切合作、精准发力,着力在"十四五"期间努力推进四个"一体化"目标和实施"八个一"工程上有所作为。

(一)着力推进四个"一体化"(目标)

一是人才一体化。近几年京津冀三地持证的专业社会工作者数量虽然增长很快,但数量仍然不足,只占全国持证人数的12%,且在三地分布不均衡。若是各自为政、单打独斗,则会影响作用发挥。京津冀地域紧密相连、经济社会生活息息相关,且具有社会工作高等教育资源丰富等优势。如果通过建立咨询专家数据库、培训教师数据库、持证社会工作者数据库等途径,推进社会工作专业人才共育、共享、共用,就能最大限度发挥人才潜力,推动三地社会工作发展。

二是服务一体化。京津冀协同发展战略实施中,有些社会问题的呈现在三地具有普遍性。例如,环境污染治理问题;有些服务人群的需求满足具

有连带性，如城市的流动人口和农村的留守人口服务需求。因此，只有推动京津冀三地社会工作服务一体化，才能更有效地解决社会问题和满足社会需求。可以通过共同策划设计社会工作服务项目、跨地区开展专业服务等方式，使三地的社会工作服务得到连接和加强。

三是管理一体化。目前，京津冀三地在社会工作服务机构考评、社会工作服务项目督导、社会工作人员注册登记和继续教育等方面，基本是各自为政、分头管理。经协商，正在通过统一服务标准、规范考评规程、建立督导体系、联合继续教育等措施，推进三地社会工作管理一体化，从而大大降低管理成本、提高管理水平。

四是信息一体化。2020年以来，北京开展了“互联网+”服务和在线教育平台一体化运营模式，整合社会工作的内容与服务，构建社会管理服务大数据、云平台系统，下一步将逐步实现京津冀信息共享。利用现代媒体技术共同宣传、打造京津冀社会工作融合发展的一体化品牌。

（二）组织实施“八个一”工程（措施）

一是建立一套协调机制。在三地社会工作主管部门的领导、支持和指导下，以现有的北京社协、天津市社会工作协会、河北省社会工作促进会为基础，尝试设立“枢纽型”京津冀社会工作联合会，对京津冀社会工作服务机构和社会工作人才进行统一注册和管理。

二是筹建一个专家智库。京津冀尤其是北京市，是全国专业人才聚集的高地，也是社会工作专家密集的区域。三地社会工作专家在专业学科建设、社会工作职业水平评价制度建设、社会工作专业人才培养、社会工作专业服务示范等方面，都作出了贡献并积累了经验。所以，要利用京津冀社会工作专家的优势，筹建专家智库，发挥其在地区发展规划、专业人才培养、服务机构培育等方面的作用。

三是孵化一批服务机构。目前，京津冀三地社会工作服务机构数量不足、分布不平衡，远远不能满足三地社会服务工作的需求。选择京津冀协同发展中社会变迁比较剧烈、社会服务需求增长强劲的地区，先行孵化培植一批社会工作服务机构，协助开展面向不同人群的专业服务。如在雄安新区建立“京雄社会工作联合会”、在张家口崇礼区建立京津冀“双工携手、服务冬奥”社工+志愿服务指导中心等。

四是培养一支管理队伍。社会工作发展近30年,已经造就了一支数量庞大的专业人才队伍,今后的发展中,高素质、懂管理的人才培养将成为突破瓶颈、继续前行的关键环节。通过学历教育、非学历证书培训、高层次研讨交流、国(境)内外考察访学、异地机构挂职实习等途径和方式,开展社会工作服务机构管理人才以及社会工作服务督导人才培养,为社会工作快速发展做好管理人才的培养和储备。

五是打造一批服务品牌。社会工作发展至今,其专业性及不可替代性逐渐为广大民众认知和认同,但也还有部分社会民众不知道社会工作是什么。究其原因,是社会工作缺乏具有高度社会声誉的服务品牌。为此,要结合不同地区、不同服务人群的不同需求与问题,设计一批具有高度专业元素的服务项目,在总结经验基础上形成服务标准和规程,再通过宣传、推广和普及,形成质量高、口碑好的服务品牌。

六是筹措一笔共享基金。京津冀三地经济社会发展水平不同,支持社会工作专业发展的投入也存在地区差异。而且受三地财政管理体制的局限,要支持跨越三地的服务机构及服务项目开展,确实存在经费方面的限制。为了推动京津冀三地社会工作协同发展,通过链接社会资源和社会募集筹措一笔共享基金,用来补充三地政府财政的投入缺口,更好地使三地社工服务机构持续开展社工服务项目。

七是创建一个信息平台。以国家信息化战略为指引,在《京津冀社会工作信息建设框架协议》的指导下,树立“一盘棋”思想,加强区域内社会工作信息化顶层设计,统筹规划、整合资源,推进信息化与社会工作服务紧密融合。以整体布局、协同发展、多方受益为基本思路,以服务大局、融合创新、完善机制、安全可控、资源共享、合作共赢为基本原则,加强对京津冀社会工作信息化发展的统筹规划,加快信息基础设施建设,推进信息资源共享与开发利用,打造一个社会工作综合信息平台,实现5个信息化,即社会工作服务项目信息化、社会工作培训项目信息化、社会工作行业数据分析信息化、社会工作服务机构信息化、社会工作公益融合创新信息化,最终实现多网融合。

八是形成一套监管机制。依法依规推进京津冀社会工作一体化发展。切实落实2011年中央18部委和群团组织联合发布的《关于加强社会工作专业人才队伍建设的意见》、2012年中央19部委和群团组织联合发布的《社会工作专业人才队伍建设中长期规划(2011—2020年)》以及2016年民政部等12部门联合发布的《关于加强社会工作专业岗位开发与人才激励保障的意见》等国家政策文件中的相关规定。逐步制定服务标准及评估细则，引入第三方监测评估机构适时开展效果评估；狠抓社会工作专业人才队伍质量建设，有效推进京津冀社会工作人才队伍建设的高质量发展。

（三）积极推动“党建引领京津冀社会工作融合发展”（趋势）

2020年9月，党的十九届五中全会通过了《中共中央关于制定国民经济和社会发展第十四个五年规划和二〇三五年远景目标的建议》。为贯彻落实党的十九届五中全会精神，北京市委社会工委、北京市民政局指导北京社协组织北京社会工作专家团队经过认真学习研讨，编制了“十四五”期间党建引领京津冀社会工作发展规划，并在天津蓟州召开了“京津冀社会工作融合发展研讨会”，为京津冀社会工作融合发展注入新的活力。

一是在机制建立上，组建京津冀社会工作联合会，设立京津冀社会工作协同发展办公室，对京津冀社工服务机构和社会工作人才进行统一注册和管理，三地轮值组织年度社会工作论坛，为深化三地在社会工作资源方面的共享与合作搭建平台。

二是在模式创新上，既有京津冀三地高层在理论层面的创新与交流，举办京津、京张、京唐、京雄、京承等社会工作研讨会，也有在教育培训实务方面的合作与携手，举办京津冀地区社会工作专业人才高级研修班，为三地培养社工专业人才。

三是在解决问题上，坚持“壮大队伍、提升素质、发挥作用、党建引领”的工作思路，为三地社会工作从业人员和专业社工机构提供服务，也为三地社工行业组织加强交流合作、优化整合资源创造了条件，尤其是在党建引领上可以建党100周年为契机，有效利用三地红色资源开展“十个一百迎建党百年”系列活动，助力三地社会工作实现跨地域融合发展。

四是在特色突破上,组织专家开展“京雄社会工作参与雄安新区建设”工作调研,助力加快雄安新区建设步伐;“双工携手　服务冬奥”项目融入精准扶贫“牵手计划”,在延庆和崇礼完成服务冬奥的社会组织孵化和社工队伍培育;京津社工机构积极参与共建“美丽社区”并与“文明创城”深度融合,得到社会各界认同。

五是在服务保障上,进一步弘扬“助人自助”的社工理念,倡导“奉献、友爱、互助、进步”的志愿服务精神,充分发挥社会企业在社会治理中的作用,切实关注社会工作者与社会工作领域志愿者生活中面临的实际问题。举办“善心仁者　与爱同行”京津冀社工关爱计划战略合作研讨会,表彰在抗击疫情、助力脱贫攻坚工作中作出突出贡献的爱心单位,启动“京津冀社工关爱计划”,开展职业生涯、身心健康、权益保护、品质生活、休闲度假、家庭服务、政治生活“6+1”服务项目,打造行业发展新磁场。

(北京社会工作者协会)